ÉTUDES DE PHILOSOPHIE ET DE CRITIQUE RELIGIEUSE

A. DE LAPPARENT
Secrétaire perpétuel de l'Académie des Sciences

La Philosophie Minérale

Les théories de la matière.
La cristallographie.
Les vicissitudes de la préhistoire.
L'ancienneté de l'homme et les glaciers.

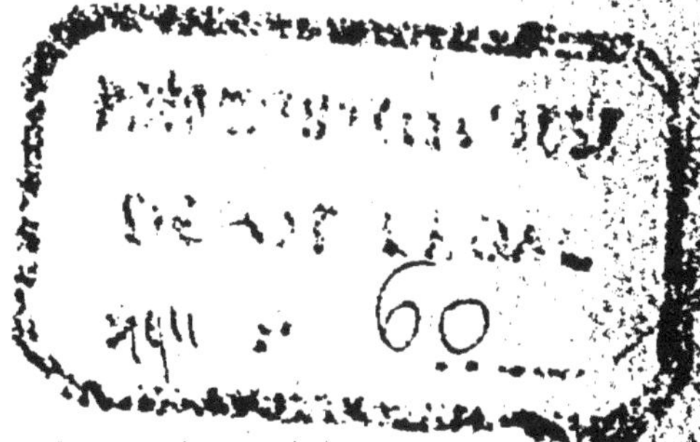

BLOUD ET Cie, ÉDITEURS, 7, PLACE SAINT-SULPICE, PARIS (6e)

LA

Philosophie Minérale

MÊME COLLECTION

SÉRIE IN-16

Allo (Bernard), professeur à l'Université de Fribourg (Suis — **Foi et Systèmes**. . . . . 3 fr.

Du même Auteur. — **L'Evangile en face du Syncrétis païen**. . . . . 3 fr.

Bricout (J.). — **La Vérité du Catholicisme.** 1 vol. . . 3 fr.

Broglie (Abbé de). — **Les Fondements intellectuels de la chrétienne.** 1 vol., 3e édition. . . . . 2 fr.

Du même Auteur. — **Preuves psychologiques de l'existence Dieu.** 1 vol., 2e édition. . . . . 3 fr.

Gayraud (Abbé), député du Finistère. — **La Crise de la f** *ses Causes et ses Remèdes*. 3e édition. . . . . 2 fr.

Godard (André). — **La Vérité religieuse.** 3e édition. . 3 fr. 5

Guibert (J.). — **Le Mouvement chrétien.** 4e édition. . 3 fr.

La Mennais (F. de). — **Essai d'un système de philosophi catholique.** Ouvrage inédit recueilli et publié d'après le manuscrits, avec introduction, notes et appendice, pa C. Maréchal, agrégé de philosophie. 1 vol. . . . . 3 fr. 5

Lapparent (A. de), de l'Académie des Sciences. — **Science e Apologétique.** 8e édition. . . . . 3 fr. »

Leclère (A.), professeur à l'Université de Berne (Suisse). — **Pragmatisme, Modernisme, Protestantisme.** 1 vol. . 3 fr. 50

Maumus (Vincent). — **La Préparation à la foi.** 2e édit. 3 fr. »

Nouvelle (A.). — **L'Authenticité du Quatrième Evangile et la thèse de M. Loisy.** 1 vol., 3e édition, revue et très augmentée. . . . . 2 fr. »

Pacheu (Jules). — **Du Positivisme au Mysticisme.** — *Etude sur l'inquiétude religieuse contemporaine*. . . . . 3 fr. 50

Sertillanges (A.-D.). — **Art et Apologétique.** 1 vol. . 3 fr. 50

Thamiry (E.), professeur à la Faculté de Théologie de Lille. — **Les deux aspects de l'Immanence et le Problème religieux.** 1 vol. grand in-16. . . . . 4 fr. »

SÉRIE IN-8

Courbet (Pierre). — **Introduction scientifique à la foi chrétienne.** Nouvelle édition revue et augmentée. 1 vol. 4 fr. »

Leclère (Albert), docteur ès lettres, professeur à l'Université de Berne. — **Le Mysticisme catholique de l'âme de Dante.** 1 vol. . . . . 2 fr. 50

Maréchaux (Bernard-Marie). — **Le Merveilleux divin et le Merveilleux démoniaque.** 1 vol., 2e édition. . . . . . 5 fr. »

Newman. — **Grammaire de l'Assentiment.** Traduction française de M. Gaston Paris. Ouvrage couronné par l'Académie française. . . . . 6 fr. »

A. DE LAPPARENT

Secrétaire perpétuel
de l'Académie des Sciences

LA
Philosophie
Minérale

Les théories de la matière.
La cristallographie.
Les vicissitudes de la préhistoire.
L'ancienneté de l'homme et les glaciers.

PARIS (VIe)
BLOUD & CIE, Editeurs
7, PLACE SAINT-SULPICE, 7

1910

AVERTISSEMENT

M. de Lapparent, savant d'une modestie extrême, s'est toujours défendu d'être autre chose qu'un spécialiste. Nombreuses, cependant, sont les pages de son œuvre où, débordant les cadres d'une science particulière, il s'élève à des conceptions d'ordre général (1). *Nous réunissons ici quelques-unes de celles qui eurent pour point de départ les études qui ont fait la solide et définitive réputation de cet auteur : la minéralogie et la géologie. Dispersés dans les recueils les plus divers, ces essais étaient devenus pratiquement introuvables. On nous saura gré, nous l'espérons, de les avoir mis à la portée de tous dans le présent volume.*

Préoccupés de ne rien introduire dans l'ouvrage qui fût de notre invention, nous avons emprunté le titre même à M. de Lapparent. Nous publions, en effet, sous forme d'Introduction, un Discours où l'auteur — après des indications fort intéressantes sur sa propre évolution

(1) Cf. en particulier *Science et Apologétique*, Bloud, édit.

intellectuelle — émet quelques vues d'ensemble sur ce qu'il appelle « la philosophie minérale ». *Nous ne croyons pas avoir trop arbitrairement étendu le sens de cette expression en l'appliquant à quelques essais où l'éminent géologue examine, d'après les silex taillés et la chronologie des époques glaciaires, la question de l'antiquité de l'homme et quelques problèmes connexes, et nous espérons que le présent livre, bien que composé d'écrits que l'auteur eût peut-être classés selon un plan différent de celui que nous avons adopté, apparaîtra suffisamment homogène.*

LES EDITEURS.

INTRODUCTION

La Philosophie minérale

La Philosophie minérale (1)

Messieurs,

Tout homme qui prend la parole devant une semblée d'élite, adonnée, comme la vôtre, à s labeurs tels que ceux dont il vient d'être ndu compte, a le droit de dire qu'il éprouve 1 certain embarras. Ce droit, je le réclame ut particulièrement aujourd'hui. Car j'avoue ie le jour où, sur l'aimable demande de mon cellent collègue, le R. P. Peillaube, j'ai omis de venir présider cette séance, j'étais n de soupçonner l'étendue de l'engagement ie je prenais. Je ne l'ai bien appréciée que iand sont arrivées chez moi deux brochures ut à fait suggestives, destinées à me rappeler i avait présidé vos deux dernières assemblées, de quelle façon ce rôle avait été rempli.

Alors j'ai su qu'en 1896 le fauteuil avait été cupé par M. Denys Cochin, ce vaillant qui meut, avec une égale aisance, dans le monde

---

1) Discours prononcé à la « Réunion des Etudiants », ince solennelle de clôture des conférences Saint-Paul et nt-Thomas, le 2 juin 1898.

de la matière et dans celui de la pensée. Avec la compétence d'un homme du métier, il vous avait félicités des études philosophiques qui forment votre principale occupation, faisant ressortir, par d'ingénieux exemples, quels avantages on pouvait trouver dans ce monde à être philosophe.

L'année suivante, c'était M. Fonsegrive, qui vous entraînait dans des régions peut-être encore plus élevées ; car chez lui le philosophe est doublé d'un théologien qui en remontrerait aux plus doctes, et c'est en pleine métaphysique qu'il vous a fait pénétrer avec lui.

Comment donc, si ce n'est par amour du contraste, a-t-on pu venir chercher, pour succéder à tels présidents, un homme notoirement connu pour son incompétence en philosophie, si bien que son inaptitude à ces matières a plus d'une fois fait le désespoir du regretté Mgr d'Hulst ?

Encore si on avait cherché à le mettre à l'aise en se gardant d'accentuer la solennité de la cérémonie ! Mais tandis qu'on avait soin de ne pas lui laisser ignorer, par le texte même de l'invitation, sinon le costume, au moins le genre de cravate qu'il devait arborer, c'est un vrai *discours* qu'on prétendait lui infliger. Vous me permettrez de ne pas accepter cette dernière bligation du programme, qui crée aux pré-idents des devoirs de plus en plus difficiles à emplir; si bien que je me prends à entrevoir, lans mes rêves, un temps où les progrès de la cience viendraient simplifier, à la fois, et la âche des directeurs de conférences en quête le titulaires du fauteuil, et celle des présidents xposés au danger de ne plus trouver de ormules nouvelles. Oui, je rêve une combi-naison du cinématographe et du phonographe, qui permettrait de donner à une assemblée uelconque l'illusion de se voir en présence du lus idéal des présidents, et d'entendre de sa ouche le mieux approprié et le mieux dit de ous les discours !

Mais, en attendant qu'un tel progrès se éalise, souffrez que je me contente aujourd'hui l'une simple causerie, où je chercherai à vous xpliquer pourquoi je ne suis pas philosophe t comment je me suis efforcé de combler cette acune de ma première éducation.

A l'époque où j'étais sur les bancs de la uatrième (il y a de cela quarante-cinq ans !), n inaugurait, dans l'Université, le régime un noment célèbre sous le nom de Bifurcation. l semblait que je fusse une proie désignée our le nouveau monstre; car des traditions e famille invétérées assignaient déjà l'Ecole polytechnique à mon ambition. Cependant une heureuse inspiration de mes parents, secondée par le ferme bon sens de mon maître de pension, me préserva de cet accident, et je demeurai dans les classes de lettres. Toutefois, arrivé en rhétorique (où par parenthèse, j'ai eu la bonne fortune de trouver, comme condisciple, le cher et si regretté Ollé-Laprune), il fallut se souvenir qu'il avait plu à la Providence de me faire naître un 30 décembre.

Autrefois, faute d'un point, Martin avait perdu son âne. Pour moi, faute d'un jour, je perdais une année pour les examens. En présence d'une épreuve aussi difficile, il semblait beaucoup trop téméraire de ne réserver qu'un an de méthématiques élémentaires et un an de mathématiques spéciales.

Il fut donc décidé que, pendant ma rhétorique, un répétiteur me ferait ingurgiter la partie du programme de la philosophie qui pouvait suffire pour le baccalauréat. La Sorbonne fut indulgente pour cet escamotage, et lorsque, de rhétoricien devenu bachelier, j'entrai dans la classe qui portait le nom barbare de *Logique scientifique*, le cours dit de logique était devenu pour moi facultatif. Il était d'ailleurs aussi pauvre par son programme que par la personnalité du maître : si bien que, durant une année, j'entendis beaucoup moins de philosophie que je n'en ai entendu ce soir en écoutant vos deux rapports des conférences Saint-Paul et Saint-Thomas.

Ensuite saisi par l'engrenage scientifique, je n'ai jamais trouvé l'occasion de combler cette lacune. Oserai-je même dire que les raisonnements dits philosophiques avaient quelque peine à prendre sur mon esprit ? Non certes que l'admiration me manquât pour ceux à qui leurs ailes permettaient de planer dans les hautes régions de la métaphysique ! Mais je les admirais comme on fait pour ces merveilleux athlètes, qui exécutent dans l'espace des tours vertigineux auxquels on se sent impropre, faute d'une vigueur et d'une agilité suffisantes : ou bien comme j'admire les alpinistes, pour qui nulle cime n'est assez haute et nul escarpement assez raide, alors que ne me sentant pas le tempérament de grimpeur, j'entrevois surtout, pendant l'ascension, une fatigue extraordinaire, et, sur le sommet, le vertige avec le mal de montagne !

Ne croyez pas cependant, Messieurs, que ces explications veuillent cacher une apologie. Bien que nous puissions nous placer ici sous le patronage du grand apôtre saint Paul, qui ne craignait pas, à l'occasion, de se *glorifier de ses infirmités*, je ne me sens aucun droit de suivre cet exemple. C'est bien une lacune de mon éducation que je confesse ; et la preuve, c'est que j'ai fait effort pour la réparer, en cherchant à tirer, de mes occupations personnelles, une philosophie destinée à remplacer celle dont l'enseignement m'avait fait défaut. J'ai d'autant moins de scrupule à vous le raconter, qu'en cela je ne fais qu'accentuer les enseignements du R. P. Bulliot et du R. P. Peillaube, qui si souvent vous conseillent de ne pas trop vous éloigner de la réalité objective !

Lorsqu'il y a vingt-trois ans, on m'a fait l'honneur de m'appeler à l'Institut catholique, j'ai cru d'abord qu'on n'y mettrait à contribution que ma spécialité géologique. Mais les ressources de l'établissement ne permettaient pas la création d'un grand nombre de chaires, et je fus aussitôt averti que j'aurais également à enseigner la minéralogie. Il fallut donc se remettre à cette science, singulièrement délaissée par moi depuis le temps où je l'avais apprise à l'École des Mines. Mais, après avoir redouté ce travail comme une corvée, je ne tardai pas à y trouver un attrait tout spécial.

Obligé de former une collection de minéraux, je me sentis bientôt séduit par l'incomparable netteté du monde des cristaux. Ces faces si parfaitement planes, limitées par des arêtes qui offrent l'idéal de la ligne droite ; ces petites masses à la fois éclatantes et limpides, qui se parent des plus vives couleurs, et dont les facettes miroitent au soleil sans que rien vienne troubler l'admirable transparence de l'intérieur ; tout cela me transportait dans le monde de mes rêves, le monde de la netteté et de la limpidité. Et mon estime pour ce milieu s'accroissait encore de la stabilité qui en est le caractère dominant, à mesure que j'apprenais à mieux connaître l'invariabilité absolue des angles, qui se dissimule si bien sous les apparences extérieures les plus variées.

En pleine possession de cette jouissance, je voulus savoir ce qui se cachait sous ces dehors significatifs. On n'en demandait pas si long à l'époque où j'avais pris mon premier contact avec la minéralogie. Mais, depuis lors, des esprits philosophiques étaient venus, qui avaient cherché et trouvé la raison intime des propriétés des cristaux. A leur école, j'appris que ces propriétés dérivaient d'un principe unique : la parfaite ordonnance de la matière dans ces milieux où l'homogénéité trouve sa plus complète réalisation. Chaque particule se tient à sa place, et toutes observent rigoureusement leurs distances, variables d'une direction à une autre, mais identiques tout le long d'une même ligne. Quel monde idéal que celui-là, Messieurs, et combien d'autres auraient à profiter d'un tel exemple !

Mais pourquoi la symétrie n'est-elle pas la même pour tous les cristaux ? Pourquoi quelques-uns d'entre eux se montrent-ils si riches en facettes, se répétant suivant un ordre visible, tandis que d'autres en sont à peine pourvus ? Pourquoi cette richesse de symétrie est-elle propre à certaines espèces, qu'elle accompagne toujours, tandis qu'elle est non moins régulièrement refusée à d'autres ?

Ici encore, mes philosophes m'ont répondu. C'est parce que la symétrie réside dans la molécule, et que toutes les parties d'un cristal, identiques entre elles, en s'arrangeant de manière à réaliser le maximum de stabilité mécanique, accusent nécessairement, par l'édifice qu'elles engendrent, la symétrie propre à chacune d'elles et rien que celle-là. Tant vaut la molécule, tant vaudra le cristal.

Alors, Messieurs, j'ai compris l'inutilité des efforts, si souvent tentés pour imposer une organisation satisfaisante à des éléments qui n'en renferment pas le germe. Je sais bien qu'en 1848, le fameux préfet de police Caussidière, appelé à former une force publique avec les émeutiers de la veille, a pu se vanter d'*avoir fait de l'ordre avec du désordre*. Mais ce tour de force n'a jamais été renouvelé depuis, et à tous ceux qui veulent organiser la société, qui ont une confiance excessive dans la valeur des enseignes, des institutions et des cadres, je conseillerai de méditer l'exemple des cristaux, où l'ordre n'est possible dans les édifices que quand il règne déjà parmi les derniers éléments constituants.

Il est vrai que ce serait bien décourageant, s'il fallait attendre, pour faire quelque chose de bon, que la perfection fût déjà installée dans les infiniment petits. Heureusement la minéralogie vient nous apprendre qu'à cette règle absolue il est des restrictions bienfaisantes. L'identité des particules n'a pas besoin d'être poussée à ses dernières limites, non plus que la perfection individuelle n'y est de rigueur. Architecte indulgent, le Créateur de toutes choses ne se montre pas trop sévère pour le choix des matériaux, se réservant de corriger, par d'habiles dispositions, ce qu'ils peuvent offrir de défectueux. S'il ne fait pas de l'ordre avec du désordre, il fait du moins du plus parfait avec du moins parfait, donnant ainsi l'exemple du genre de tolérance dont il convient d'user, tolérance qui, contenue dans de sages limites, doit laisser à notre corps social quelque espérance de parvenir à une organisation satisfaisante, malgré les imperfections dont aucun de nous ne peut entièrement se débarrasser.

Ainsi la même science, qui semblait tout d'abord avoir posé les règles de la rigueur la plus inflexible, nous apporte du même coup le correctif le plus instructif et le plus encourageant. Elle n'y met qu'une condition ; c'est que la symétrie imparfaite soit du moins *approchée* de celle qui convient au degré plus élevé, et y tende comme vers une *limite*.

Mais, direz-vous, le monde que je vous dépeins est un monde privé de vie et de mouvement, où nous n'avons pas à chercher d'exemples. Détrompez-vous ! D'abord ce qui vous semble immobile n'en est pas moins, dans toutes ses parties, en état de vibration constante, traduisant ainsi, par la chaleur, la lumière, l'électricité, le magnétisme, l'énergie accumulée dans toute matière. Mais, de plus, ces corps minéraux si stables n'en sont pas moins capables de réagir les uns sur les autres toutes les fois que de leur réaction mutuelle peut sortir quelque chose de plus stable encore.

Quelle est la puissance qui gouverne ces transformations ? Elle a plusieurs noms : dans sa forme la plus inférieure, c'est l'attraction ;

puis elle devient l'affinité, et reçoit encore d'autres appellations quand elle passe à des êtres de degré plus élevé. Toujours est-il que la puissance productrice, la seule efficace pour déterminer quelque création durable, est celle qui précipite les êtres les uns vers les autres, non pour se détruire, mais pour s'embrasser.

Quel enseignement, Messieurs, à une époque où, si souvent, on entend retentir des cris de haine ! où nous sommes, nous autres catholiques, si habituellement désignés à la fureur des sectaires ; où cette contagion de la haine devient telle, qu'elle gagne jusqu'aux braves gens. Si bien qu'abandonnant les politiques d'affirmation, les seules efficaces, on ne s'entend plus que pour détruire quelque chose ou renverser quelqu'un. On est *anti*... n'importe quoi ! Comme si toute négation n'était pas stérile de sa nature, aucun effort ne pouvant être productif que s'il dérive de cette règle d'affinité qui trouve sa plus magnifique expression dans la règle des chrétiens : « Aimez-vous les uns les autres ! »

Mais je me reprocherais d'insister, Messieurs, sur une vérité trop bien pratiquée par vous, si j'en juge à l'exposé des œuvres éminemment bienfaisantes auxquelles vous consacrez votre activité. J'ai voulu seulement attirer votre attention sur un monde à la fois reposant et instructif, qui peut servir de refuge contre le spectacle souvent décourageant des tristesses contemporaines. Je serais heureux si j'avais pu vous inspirer quelque estime pour ce monde modeste, et, sans vous détourner en rien des hautes spéculations philosophiques dans lesquelles vous vous complaisez, conquérir une part de votre sympathie pour ce que je me permettrai d'appeler « *la philosophie minérale* ».

PREMIÈRE PARTIE

I

Les théories de la matière

Les théories de la matière

§ 1. — La matière radioactive (1)

Le 5 mars de la présente année 1902, toutes les sections de l'Institut de France étaient convoquées en séance extraordinaire, afin de délibérer sur l'emploi des arrérages de la fondation la plus importante dont dispose aujourd'hui la savante Compagnie.

Un Mécène bien inspiré, possesseur d'une grande fortune gagnée dans l'industrie, M. Hubert Debrousse, a voulu qu'après lui une notable partie de son avoir servît à favoriser le progrès des connaissances humaines. Il a légué dans ce but un million à l'Institut. Mais, au lieu d'ajouter un nouveau prix à la liste, déjà trop longue en vérité, des récompenses individuelles que les académies ont chaque année l'obligation de distribuer, il a voulu leur laisser la pleine liberté de l'emploi, se bornant à prescrire que le revenu annuel de la somme serait utilisé « dans l'intérêt des lettres, des sciences et des arts ».

On aurait pu décider qu'en vertu d'un roulement régulier, les trente et quelques milliers

(1) Extrait du *Correspondant* (1902).

de francs de rente produits par la fondation Debrousse seraient, à tour de rôle, attribués en totalité à chacune des cinq académies, pour en faire l'usage le plus conforme aux intérêts spéciaux qu'elle représente. Sur le rapport d'un membre éminent de la classe des sciences morales et politiques, M. Bétolaud, qui avait été le conseil juridique et le confident du testateur défunt, on adopta une solution plus large. Il fut convenu que chaque académie se ferait représenter, par un nombre déterminé de membres, dans une commission chargée tous les ans d'étudier le meilleur emploi à faire de la somme disponible, et que les propositions de cette commission seraient ensuite soumises au vote de l'Institut, réuni pour la circonstance en assemblée plénière. Une telle sanction devait accroître l'autorité des décisions prises, en garantissant qu'elles auraient toujours pour objet une entreprise d'un intérêt public et national suffisamment caractérisé.

Cette procédure a été appliquée pour la première fois en 1901. Les arrérages du fonds Debrousse ont été alors partagés en trois sommes inégales : l'une, destinée à la publication des tables de la planète Saturne, préparées à l'Observatoire de Paris, qu'il importait de pouvoir mettre à la disposition des astronomes ; la seconde, allouée à l'alliance française pour la propagation de notre langue à l'étranger ; la troisième, affectée au *Journal des Savants*, dont le crédit annuel venait d'être supprimé par la Commission du budget.

Cette fois, en 1902, la plus grosse partie des revenus disponibles, soit 20,000 francs, vient d'être attribuée, par un vote unanime, à une destination que le public aurait peut-être quelque peine à comprendre, si on ne prenait soin de lui en révéler les avantages. En effet, le crédit alloué a pour but de permettre l'acquisition d'une certaine quantité de minerais rares, à l'aide desquels on peut espérer de fabriquer *environ un gramme*, et encore tout au plus, d'une substance dont le nom, hier encore, était absolument inconnu, celle qu'on a baptisée du nom de *radium*.

20,000 francs pour un gramme ! Quelle disproportion, pensera-t-on peut-être, si l'on réfléchit qu'un diamant de ce poids, et de la plus belle eau, vaut tout au plus 7,000 francs ! A ce taux, le radium serait de beaucoup la plus précieuse de toutes les substances ; d'autant mieux qu'il ne s'agit pas encore de préparer du radium pur, mais seulement une combinaison dans laquelle ce corps entre pour partie. Quelles graves raisons peuvent justifier une pareille dépense ? C'est ce qu'un magistral rapport de M. Maurice Lévy a su expliquer aux académiciens réunis. A notre tour, essayons d'initier les lecteurs du *Correspondant* aux mérites de la nouvelle substance et aux espérances qu'on est en droit de fonder sur la mise en épreuve d'une aussi minime quantité.

Personne n'a oublié l'émotion produite, il y a peu d'années, par l'annonce de la découverte des fameux *rayons X* ou *rayons de Rœntgen*,

On venait de constater que si, dans une ampoule de verre dite de Crookes, où l'on a poussé le vide jusqu'au millionième d'atmosphère, on fait passer l'étincelle électrique produite par une bobine d'induction, non seulement l'un des pôles, celui qu'on appelle le pôle négatif, devient le siège d'une émission de rayons spéciaux, les rayons *cathodiques*, qui bombardent littéralement le verre de l'ampoule en lui imprimant une fluorescence verdâtre ; mais du verre ainsi bombardé partent d'autres rayons, les *rayons X*, qui ont la propriété de passer à travers la plupart des corps opaques et d'influencer ensuite une plaque photographique, sur laquelle ils font véritablement naître une « image de l'invisible ». Bientôt cette découverte saisissante, sortant du domaine de la science pure, apparaissait comme un bienfait pour le genre humain ; et la *radiographie*, devenue de pratique courante, enrichissait l'art de guérir d'un sens nouveau, propre à guider en toute sûreté la main du chirurgien, jusqu'alors réduit à tâtonner pour connaître le siège exact des lésions internes de l'organisme.

Tout en applaudissant de grand cœur à cette merveilleuse conquête de la science, si rapidement devenue féconde en applications pratiques, il était permis aux savants français de regretter qu'un tel résultat ne fût pas éclos dans nos laboratoires. Heureusement une compensation très prochaine leur était réservée. M. Henri Becquerel, membre de l'Institut et professeur au Muséum, où il fait revivre es traditions de son père et de son grand-père, es illustres physiciens Edmond et Antoine Becquerel, allait presque aussitôt dédommager notre amour-propre national. Voici dans quelles conditions :

Tout le monde sait que, quand un rayon de umière frappe un prisme de cristal suspendu à un lustre, ce rayon est à la fois dévié et décomposé, de telle sorte qu'il vient donner, sur un écran, une image brillamment colorée, où es teintes se succèdent, du rouge au violet par e jaune, le vert et le bleu. C'est ce qu'on a coutume d'appeler le *spectre solaire*.

Mais l'écran reçoit encore autre chose que le spectre visible. Au delà du violet, d'une part, au delà du rouge, d'autre part, il existe des rayons que nous ne voyons pas, sans doute, parce qu'ils sont absorbés par les liquides de notre œil. Les premiers révèlent leur existence, parce qu'ils peuvent décomposer les substances sensibles des plaques photographiques ; on les appelle rayons *chimiques* ou *ultraviolets* ; les seconds se traduisent par ce fait qu'ils font monter le thermomètre plus haut que leurs lumineux voisins ; aussi les nomme-t-on rayons *calorifiques* ou *infrarouges*.

Or certaines substances, lorsqu'elles sont frappées par les rayons invisibles ultraviolets, ont la propriété de devenir lumineuses, comme si elles communiquaient aux radiations reçues un redoublement d'énergie, suffisant pour que nos organes y deviennent sensibles. On dit alors que ces substances sont *fluorescentes*, réservant le nom de *phosphorescents* aux corps qui, après avoir été directement éclairés ou chauffés, deviennent lumineux par eux-mêmes, et conservent cette propriété pendant un temps plus ou moins long.

Ce n'est pas tout. On connaît des corps, fluorescents ou phosphorescents, qui, une fois impressionnés, gardent la faculté d'agir sur une plaque photographique, même quand ils en sont séparés par un papier noir complètement opaque ou par une feuille de carton. Les rayons qu'ils émettent ainsi ne sont donc plus de la même nature que ceux qui les avaient excités ; car ces derniers auraient été complètement arrêtés par l'interposition d'un écran. Ce n'est pas de la lumière emmagasinée ; c'est une énergie nouvelle, issue de l'énergie lumineuse, mais d'une essence différente et plus subtile.

Sachant que certains composés du corps appelé *uranium* étaient fluorescents, M. Henri Becquerel avait entrepris de rechercher s'ils jouissaient pour leur compte de la propriété qui vient d'être indiquée, lorsqu'en 1896 il fut amené à reconnaître que la fluorescence n'y était pour rien. En effet, tous les composés de l'uranium, fluorescents ou non, se comportaient de la même manière, et c'est par l'uranium natif, dégagé de toute combinaison, que les plaques photographiques étaient le plus fortement impressionnées, malgré la protection du papier noir. Il y a mieux : M. Becquerel reconnut bientôt que l'excitation lumineuse préalable n'était en rien nécessaire à la production du phénomène. Non seulement il n'est pas indispensable d'éclairer l'uranium pour qu'il devienne actif ; mais, si fortement qu'on l'expose à la lumière, son pouvoir de rayonnement n'en est aucunement augmenté. Enfin, ce corps et ses composés, placés dans l'obscurité la plus complète, gardent pendant des années la faculté d'influencer les substances photographiques.

Il n'y avait donc pas à se le dissimuler. On était en présence d'une propriété nouvelle et absolument remarquable de certains corps : propriété en vertu de laquelle ils émettent spontanément des rayons capables d'impressionner des plaques sensibles. En toute justice, on a donné à ces radiations nouvelles le nom de *rayons Becquerel*. L'auteur de la découverte les avait d'ailleurs très nettement définis, en montrant, d'une part, qu'ils traversent les corps opaques, bien qu'avec moins d'aisance que les rayons Rœntgen ; d'autre part, qu'ils ont, comme ceux-ci, le privilège de rendre l'air *conducteur de l'électricité* ; c'est-à-dire que l'air, qui, dans les conditions ordinaires, s'oppose au passage d'un courant électrique, n'y résiste plus quand il est lui-même parcouru par des rayons Becquerel. De la sorte, un fragment d'uranium, placé à quelque distance d'un corps électrisé, le décharge spontanément.

Aussitôt que cette découverte fut connue, on s'empressa de tous côtés de rechercher si elle pouvait s'appliquer à d'autres substances que l'uranium. Chose remarquable, tous les corps de la chimie, examinés à ce point de vue, se montrèrent dépourvus du nouveau mode d'activité, à l'exception du *thorium*, substance contenue dans certains minéraux de la Scandinavie.

Cependant, en examinant le minerai naturel d'uranium, appelé *pechurane* ou *pechblende* à cause de sa couleur d'un noir de poix (*pech* en allemand signifie poix), M. et Mme Curie remarquèrent qu'une variété du minerai en question se montrait trois fois plus active que l'uranium pur. Ce résultat, d'apparence contradictoire, ne pouvait s'expliquer que d'une façon : à côté de l'uranium, le minerai étudié devait contenir un autre corps plus actif, jusqu'alors inconnu des chimistes. Par des expériences bien conduites, M. et Mme Curie réussirent à préparer des composés définis de ce nouvel élément, qu'ils appelèrent le *polonium*, et dont la *radioactivité*, pour employer l'expression très opportunément créée par le savant couple, se trouva *quatre cents fois* plus forte que celle de l'uranium.

En 1898, M. et Mme Curie firent mieux encore ; dans la même pechblende, ils parvinrent à démontrer l'existence d'un autre élément nouveau, auquel ils donnèrent le nom de *radium*. Celui-là, jusqu'à présent, détient à coup sûr le *record* du genre ; car sa puissance radioactive est *cent mille fois* plus grande que celle de l'uranium !

D'ailleurs, il ne s'agit pas ici d'une activité

dont l'appréciation serait réservée aux seuls hommes de science, qui n'en auraient connaissance que par de délicates expériences de laboratoire. On peut dire, au contraire, que les effets de la nouvelle substance sautent littéralement aux yeux ; car les composés du radium sont spontanément lumineux, et demeurent tels, même quand on les conserve dans l'obscurité pendant plus d'une année. Ils font plus, et jouissent de la propriété de communiquer en partie leur activité aux corps voisins. Leurs rayons colorent le verre et la porcelaine, et cela d'une façon permanente. Dans le laboratoire où on les manie, tous les objets finissent par devenir lumineux. C'est comme une contagion à laquelle rien ne résiste, ou encore une impulsion qui triompherait de tous les engourdissements !

Les mêmes substances exercent sur notre organisme une action remarquable, comme M. Becquerel en a fait, le premier, l'expérience à ses dépens. En possession d'un petit fragment d'un sel actif de radium, il l'avait enveloppé de papier et mis dans le gousset de son gilet. Bientôt il ressentit au côté une brûlure assez vive. M. Curie voulut étudier cette influence en y soumettant son propre bras. L'épreuve fut si décisive que la lésion mit plusieurs semaines à disparaître. Il est vrai que, par compensation, on a des raisons de croire que le même procédé pourrait être efficacement appliqué à la guérison de certaines affections cutanées, notamment du *lupus*.

Quoi qu'il advienne de ces applications futures, la découverte des corps radioactifs, en même temps qu'elle enrichit le catalogue des substances terrestres d'éléments jusqu'alors insoupçonnés, ouvre un champ nouveau aux recherches des physiciens, en mettant à leur disposition, pour la production des radiations mystérieuses dont les expériences de Rœntgen ont été le point de départ, un moyen beaucoup plus simple que le dispositif électrique à l'aide duquel on excite les rayons cathodiques ou les rayons X.

Malheureusement, un grave obstacle se dresse en travers de ce genre d'expériences. Pour obtenir *quelques décigrammes* du corps le plus actif, lequel est un composé de chlore et de radium, il faut soumettre plusieurs tonnes, c'est-à-dire *plusieurs milliers de kilogrammes* de résidus de minerai d'urane, minerai d'ailleurs très rare, à un traitement compliqué de purification et de concentration. L'opération est extrêmement coûteuse et dépasse les ressources habituelles du laboratoire le mieux outillé. Voilà pourquoi une grosse subvention a été jugée nécessaire à la poursuite de ces études. Si forte qu'elle paraisse, la somme de 20,000 francs, votée par l'Institut, suffira tout juste pour qu'on obtienne *un gramme* de chlorure de radium. N'est-ce pas un effort bien disproportionné avec le résultat, et le jeu, comme on dit vulgairement, vaut-il la chandelle ? Il n'y a pas lieu d'en douter, répondrons-nous sans hésitation, pour peu qu'on réfléchisse un instant à l'immense portée scientifique de cet ordre de recherches.

En effet, il importe qu'on le sache ! Il ne s'agit pas seulement d'étudier, pour la bien définir dans tous ses détails, une propriété nouvelle de certains corps exceptionnels. C'est une révolution totale qui semble en voie d'accomplissement dans notre façon de concevoir la constitution intime et l'activité de la matière. Les plus hautes questions de la philosophie naturelle s'y trouvent impliquées, et jamais série d'expériences n'aura mérité d'être suivie avec un intérêt plus passionné que celle-ci, en raison des remaniements qu'elle peut exiger dans l'édifice doctrinal de la physique moderne.

Qu'est-ce donc, réduite à ses traits essentiels, que la radioactivité de la matière ? C'est simplement une dépense continue d'énergie. Cette énergie émane sans cesse du corps radiant, d'où elle se répand sur les corps voisins, en y provoquant la production de certains travaux, tels que l'excitation lumineuse ou la décomposition chimique des substances sensibles. Cependant, il semble impossible d'apercevoir la source extérieure à laquelle s'alimenterait cette activité que rien ne lasse.

Il y a là un véritable paradoxe, car le mouvement perpétuel n'est pas de ce monde ; c'est un dogme scientifique, en même temps que philosophique, que rien ne peut naître de rien. Toute la doctrine de l'énergie est gouvernée par ce principe fondamental, appelé principe de Carnot, qu'un corps dont la température reste invariable ne saurait fournir aucun travail. Il n'en devient capable que si on active sa puissance en lui communiquant de la chaleur. Cependant le radium, protégé contre toute intervention extérieure, n'en demeure pas moins indéfiniment apte à émettre des rayons actifs. Comment expliquer cette contradiction?

Pour y parvenir, il convient de s'appuyer sur la frappante analogie que présente ce genre d'émissions avec les rayons cathodiques, dont nous avons déjà dit un mot. En effet, l'expérience démontre que les deux sortes de radiations sont, l'une et l'autre, de nature électrique, qu'elles transportent toutes deux ce qu'on appelle de l'électricité négative, la même que développe un bâton de résine; qu'elles sont également déviées sous l'influence d'un aimant; enfin que leur puissance de pénétration dans les corps opaques est sensiblement la même. En un mot, les émissions radioactives sont de véritables rayons cathodiques, mais qui se produisent spontanément, au lieu d'avoir besoin pour naître d'une forte excitation électrique au sein d'un milieu raréfié.

Or, depuis longtemps, la sagacité des physiciens a eu l'occasion de s'exercer à l'égard des rayons cathodiques produits dans l'ampoule de Crookes. Leur intime relation avec l'influence électrique paraît significative; car, à mesure que la science progresse, il est une notion qui semble s'imposer avec une force croissante : c'est que le développement de l'électricité est inséparable d'un transport de matière. Ce ne serait plus, comme on l'a cru longtemps, un mode spécial de vibration du milieu impondérable, hypothétique et mystérieux, qu'on a appelé l'éther, et qui serait présent partout, même dans le vide le plus parfait. Il y faudrait voir la manifestation d'un mouvement réel, affectant des particules matérielles infiniment petites, mais animées, en revanche, d'une vitesse extraordinaire, et dont le déplacement engendrerait ce que l'on nomme un courant.

Conformément à cette conception, les physiciens les plus éminents en sont venus à considérer la production des rayons cathodiques comme une émission de *corpuscules* électrisés, prenant naissance, sous l'action de l'étincelle, dans un gaz extrêmement raréfié. Ces projectiles viennent bombarder le verre de l'ampoule et l'on peut, en tenant compte des effets qu'ils produisent, entreprendre de mesurer leur masse, leur charge électrique et leur vitesse. On trouve ainsi que leur masse est si faible, qu'il faudrait, de chacun d'eux, des millions de milliards pour former un milligramme. En revanche, leur charge électrique est énorme, et leur vitesse paraît du même ordre que celle de la lumière, c'est-à-dire qu'elle devrait se compter en dizaines de mille kilomètres par seconde ! Enfin, chose tout à fait remarquable, leurs propriétés sont indépendantes de la nature du gaz qui les a engendrés. Pour tous les corps de la nature, ces derniers éléments de la matière se montreraient identiques.

Dès lors, puisque les émanations des corps radiants possèdent toutes les propriétés des rayons cathodiques, elles aussi doivent être formées de particules électrisées. A la vérité, l'expérience conduit à leur attribuer une vitesse un peu moindre que dans le cas précédent. Mais, pour tout le reste, elles se comportent de la même façon, et c'est, sans nul doute, grâce à la présence de ces minimes parcelles de matière électrisée que l'air traversé par les radiations devient conducteur de l'électricité.

Tout cela, dira-t-on, n'est encore que de l'hypothèse. Mais voici une expérience qui va rendre en quelque sorte tangible la réalité des corpuscules en question.

Quand un gaz est absolument pur, si l'on y fait arriver un jet de vapeur d'eau, on constate que, en dépit du refroidissement survenu, il est extrêmement difficile d'obtenir un brouillard par la condensation de la vapeur. Au contraire, pour peu que le gaz tienne en suspension des poussières solides, chacune de ces particules devient pour la vapeur un centre d'attraction, et celle-ci se condense en un nuage bien visible. Or, dans un gaz soumis aux émanations d'un corps radioactif, la condensation d'un jet de vapeur s'obtient avec facilité. Si ce n'est pas une démonstration absolue de l'existence des corpuscules, c'est du moins, on en conviendra, une présomption d'une rare puissance en faveur de leur réalité.

Là ne s'arrêtent pas les remarquables analogies des deux ordres de phénomènes. L'étude des corps radioactifs démontre que leur activité n'a rien à souffrir des combinaisons dans lesquelles on les fait entrer. Que l'uranium soit seul, ou qu'on l'associe par voie chimique à d'autres substances, sa radioactivité demeure la même. Elle dépend seulement de la quantité totale du corps actif. C'est donc une propriété fondamentale de ce corps, appartenant en propre à ses derniers éléments, c'est-à-dire à ses *atomes*, dont elle est inséparable, tout comme les propriétés cathodiques résident dans les derniers éléments des corps raréfiés.

Mais ici se présente une grave objection. Si la radioactivité consiste en une émission de corpuscules, alors le corps radiant perd constamment de sa substance. Comment se fait-il que la balance, même après des années, n'y accuse aucune diminution? C'est tout simplement parce que nos appareils de mesure sont loin d'offrir la délicatesse exigée pour une telle constatation. En effet, en se fondant sur la vitesse présumée des corpuscules émis, comme sur la valeur de leurs actions électriques, on a pu se faire une idée de l'ordre de grandeur de leur masse, et on est arrivé à ce résultat surprenant, qu'il faudrait *un milliard d'années* pour que le rayonnement d'un petit fragment de sel de radium parvînt à lui infliger une perte de poids d'*un milligramme*. Rien d'étonnant, dès lors, à ce que nos instruments trop grossiers ne puissent pas nous en avertir.

Toutefois, il reste encore un autre mystère à éclaircir. D'où vient que l'émission spontanée des corpuscules soit le privilège exclusif d'un aussi petit nombre de substances? Quelle particularité les désigne, de préférence à toutes les autres, pour une telle fonction ?

La réponse pourrait être difficile à imaginer s'il n'y avait précisément, chez les corps radioactifs, quelque chose qui leur fait véritablement une place à part dans l'ensemble des éléments chimiques. Ce quelque chose, c'est l'énormité relative de leur *poids atomique*.

On sait que le dernier élément de chaque corps, ce qu'on appelle son atome, est essentiellement caractérisé par son poids invariable. Le plus léger de tous les atomes est celui de l'hydrogène. On l'a choisi pour représenter l'unité de masse atomique. Dans ce cas, l'atome d'hydrogène pesant 1, l'atome d'oxygène pèse 16, celui de carbone 12, etc. Les corps qui ont les atomes les plus lourds sont l'uranium, dont l'unité atomique pèse 240, le thorium, qui en pèse 233, et le bismuth, avec un poids de 208. Or, précisément, nous savons que l'uranium (toujours associé au radium) et le thorium sont des corps radioactifs par excellence, et d'autre part c'est du bismuth qu'on extrait le polonium. On peut donc poser en règle que *les corps radioactifs sont ceux dont les atomes sont de beaucoup les plus lourds.*

Voilà un fait d'expérience. Il s'agit maintenant de l'interpréter. C'est ce qu'a tenté de faire, de la façon la plus heureuse, l'un des physiciens qui ont poussé le plus loin l'analyse de ces phénomènes, M. Jean Perrin (1). A ses yeux, un atome peut être conçu comme une sorte de système solaire en miniature, où des corpuscules, chargés d'électricité négative, circuleraient en grand nombre, à titre de planète et de satellites, autour d'un ou plusieurs soleils, de masse relativement beaucoup plus considérable, et chargés d'électricité positive, le tout constituant un système électriquement neutre.

On aurait ainsi, pour le dire en passant, une image très claire de la différence qui existe entre les divers atomes, non seulement sous le rapport de la masse, mais aussi au point de vue des propriétés ou qualités spécifiques, puisque deux systèmes de ce genre pourraient différer grandement par le nombre, la distance mutuelle, l'arrangement et la vitesse de translation des corpuscules dont ils se composent. Dans ces microcosmes, les vitesses réalisées seraient aussi grandes que les dimensions sont exiguës. Et ainsi, tandis que notre terre met une année à circuler autour du soleil, on peut calculer qu'en moyenne une planète corpusculaire exécuterait, en une seconde, quelque chose comme *un million de milliards* de révolutions autour de son astre central !

Sans nous laisser éblouir par le vertige que peuvent causer de pareils chiffres, demandons-

(1) *Les Hypothèses moléculaires.* (*Revue scientifique*, 3 avril 1901.)

nous maintenant, toujours avec M. Perrin, par quoi un atome lourd peut différer d'un atome léger. Puisque, nous le savons, tous les corpuscules cathodiques, évidemment identiques avec les corpuscules atomiques, se montrent partout les mêmes dans tous les corps, la différence que nous cherchons ne peut résider que dans le nombre des corpuscules d'un système et par conséquent dans les dimensions de ce dernier. Un atome lourd est un système solaire plus richement pourvu de satellites planétaires que les autres.

Mais ces satellites décrivent tous des orbites autour de l'astre central. Plus il y en a, plus les satellites extérieurs doivent s'éloigner de ce centre. Les derniers circulent donc dans des orbites à rayon relativement très grand et jouent, dans leur assemblage, un rôle analogue à celui que remplit, dans notre système solaire, cette planète Neptune, qui n'a pu être découverte que grâce au génie d'un Le Verrier.

Mais le Neptune d'un atome lourd, mal assujetti par l'attraction du corps central, dont il est trop éloigné, pourra se trouver dans des conditions telles que la moindre influence suffise à le détacher du système. A ce moment il deviendra un corpuscule cathodique. Ainsi les substances radioactives seraient celles dont les éléments extrêmes sont exposés à s'affranchir de leur sujétion planétaire. Si cette libération nous semble spontanée, c'est parce que les actions qui la provoquent sont de celles sur lesquelles nos mesures n'ont pas de prise.

Assurément, l'explication qui précède est une rare élégance. Pourtant, nous entendons ici l'objection que les philosophes ne man-ıeront pas d'y opposer. Eh quoi ! diront-ils, ›us nous parlez d'*atomes*, c'est-à-dire d'élé-ents indivisibles par essence et par défini-›n, qui doivent, dans toutes les transforma-›ns de la matière, garder une masse invariable, voilà maintenant qu'à vous entendre, ces éments insécables pourraient perdre un cer-in nombre de corpuscules ! Alors ce ne sont us des atomes, et il faut renoncer à toutes s conceptions fondamentales de la chimie.

Au fond, l'objection n'est pas si grave qu'elle raît, et peut être assez facilement réfutée. ır une très ingénieuse interprétation des lles expériences de M. Wilson, M. J.-J. ıomson a pu calculer que la masse d'un cor-scule était seulement la *millième* partie de lle de l'atome d'où il dérive. Une fois que corpuscule est détaché, comme il emporte ec lui sa charge d'électricité négative, il reste, r l'atome primitivement neutre, un excédent charge positive. Aussi la répétition du ème phénomène devient-elle à peu près im-ssible, parce qu'elle exigerait une force élec-que généralement irréalisable. De cette fa-ı, dans les corps qui ne sont pas radioactifs, tome conserverait *pratiquement*, à un mil-ne près l'indivisibilité qui lui vaut son n. Quant aux substances radioactives, ce aient des êtres exceptionnels, mal défendus r leurs trop grandes dimensions. Encore avons-nous vu tout à l'heure que les perte qu'ils subissent sont inappréciables aux appareils par lesquels s'effectue forcément la mesure des poids atomiques.

Concluons donc qu'avec l'hypothèse d M. Perrin, les radiations spontanées s'expliquent de la façon la plus rationnelle, apportan du même coup un précieux appui à l'ingénieus conception qui assimile la constitution de atomes à celle de tout l'univers visible. Est-i rien d'ailleurs de plus séduisant et de plus philosophique? Si nous levons les yeux vers ce mondes au milieu desquels notre terre n'es qu'un grain de poussière négligeable, qu' verrons-nous? Partout des unités bien spécifiées, étoiles, soleils, planètes, satellites, exécutant les unes autour des autres, avec de vitesses vertigineuses, des mouvements coordonnés et susceptibles, quand une puissant influence extérieure s'en mêle, de ressentir d notables perturbations; telles ces déviation ou même ces captures de comètes, quand celles-ci, dans leur course, passent trop prè d'une planète assez forte pour en déforme l'orbite. La même et splendide unité régnera donc dans toute la création, partout identiqu dans son ordonnance, comme elle le sera dans les derniers éléments de la substance matérielle. Enfin, il n'y aurait partout à l'œuvr qu'une seule force, la force électrique, suffisa à tout et capable de tout expliquer.

Quel beau rêve si cette synthèse pouvait êt définitivement assise, et quels sacrifices d vraient être jugés excessifs pour permettre la réalisation des expériences destinées à vérifier d'aussi importantes conclusions! Encore n'est-ce pas tout ce qu'on en peut attendre, et d'autres conséquences sont encore à prévoir, dont l'immense portée mérite d'être signalée ici.

Ce qui caractérise essentiellement la matière radioactive, c'est la faculté qu'elle a d'émettre de la lumière, visible ou invisible, comme aussi de provoquer par influence l'illumination des objets voisins. Si, d'autre part, nous admettons que l'activité de cette matière consiste dans une émission de corpuscules, ne sommes-nous pas logiquement obligés d'étendre la même conclusion au phénomène lumineux qui n'en est que la manifestation? Mais alors, quelle transformation dans les théories qui, depuis tant d'années, ont régné sans conteste en physique!

On se rappelle que, pour le grand Newton, la lumière était le résultat d'une véritable *émission* de particules, lancées par les corps lumineux. Plus tard, Huyghens fit prévaloir contre cette doctrine celle des *ondulations*, d'après laquelle la lumière était, non une substance, mais un mode de mouvement, affectant non la matière proprement dite ou pondérable, mais le fluide impondérable appelé *éther*. A la suite des mémorables travaux de Fresnel, il semblait que la cause des ondulations éthérées fût définitivement gagnée, et bien impie aurait semblé, dans la seconde moitié du dix-neuvième siècle, celui qui aurait osé mettre en suspicion la solidité d'une doctrine, en faveur de laquelle les plus décisives expériences paraissaient s'être prononcées sans appel. Alors la théorie de l'émission apparaissait comme une conception vieillie, dont il était permis de parler avec un suprême dédain.

Cependant, il y a peu d'années, un physicien de génie, l'anglais Maxwell, eut l'art de rattacher étroitement les phénomènes lumineux à la production des courants électro-magnétiques. Or, si l'électricité, comme on tend de plus en plus à le penser, n'est elle-même qu'un mouvement de particules matérielles, pourquoi n'en serait-il pas de même de la lumière ? Pourquoi imaginer, en vue de l'expliquer, un fluide invisible et doué des propriétés les plus contradictoires, c'est-à-dire à la fois plus subtil que le gaz le plus délié et plus élastique que le solide le mieux doué de cohésion ? Combien il semble plus simple d'y voir un des effets du transport de ces corpuscules, capables, dans les gaz raréfiés, d'atteindre des vitesses extraordinaires ! Quel milieu paraît plus apte à les produire que l'atmosphère coronale du soleil, à la fois si raréfiée et si fortement électrisée ? Ne peut-on pas dire qu'on les surprend à l'œuvre, ces corpuscules en mouvement, lorsque, issus des corps radioactifs et spontanément lumineux, ils viennent, dans le laboratoire de M. Curie, illuminer le verre et la porcelaine ? Enfin quoi d'étonnant qu'on ait été tenu à envisager de telles actions comme celles d'un fluide impondérable, avant qu'on eût fait connaissance avec ces corps infiniment curieux, où l'énergie lumineuse se dépense si généreusement, sans que nos appareils réussissent à enregistrer la perte de substance qui accompagne ces manifestations ?

Quant au mécanisme par lequel les atomes engendreraient la lumière, nous n'avons certes pas la prétention de l'indiquer ici. Pourtant, nous ne saurions nous défendre de mentionner un rapprochement infiniment suggestif, qui, comme la plupart des considérations précédentes, est encore dû à M. Perrin. Nous avons dit que le nombre des révolutions exécutées, en une seconde, par un corpuscule atomique, pouvait être d'environ un million de milliards. Or ce chiffre est presque exactement celui qui, dans la théorie des ondulations, exprime le nombre moyen des vibrations lumineuses exécutées en une seconde. Une telle coïncidence ne saurait être l'effet du hasard, et elle suggère immédiatement la pensée d'une relation de cause à effet entre le phénomène lumineux et le mouvement des derniers éléments de la matière.

Mais il convient de nous arrêter ici. La place serait mal choisie pour insister davantage sur de tels problèmes, et peut-être les lecteurs du *Correspondant* ont-ils le droit de penser que déjà nous avons réclamé d'eux un effort trop prolongé. Du moins croyons-nous qu'après avoir parcouru cet exposé, ils ne douteront pas que l'Institut n'ait été bien inspiré quand il a voté sans hésitation une somme de 20,000 francs, en vue de la préparation d'une quantité de chlorure de radium qu'on peut espérer de pousser jusqu'à 1 gramme. Si l'on songe que la radioactivité se manifeste avec des fractions de milligramme, on pourra se sentir rassuré sur le champ que la minime proportion envisagée ouvre à l'activité des physiciens.

Le grain de sénevé de l'Evangile devenait un grand arbre, sous l'ombrage duquel les oiseaux du ciel pouvaient chercher un abri. De la même façon, cette menue provision de matière radioactive, entre les mains des savants qui ont si brillamment inauguré cet ordre de recherches, favorisera sans doute un nouvel épanouissement du grand arbre de la science. Par là, il sera donné à notre pays de jouer un rôle décisif, bien digne de son noble passé, dans l'évolution inattendue d'où peut sortir une nouvelle et lumineuse conception de l'essence de la matière.

§ 2. — La constitution moléculaire et le principe de la moindre action (1)

La *Revue de Philosophie* a bien voulu me demander un exposé sommaire sur les contributions que l'étude du monde minéral fournit à la grave question de la constitution molécu-

(1) Publié sous le titre : *Cristallographie* dans la *Revue de Philosophie*, 1er décembre 1900.

laire de la matière. Il est malheureusement nécessaire, pour la traiter, de faire appel à des connaissances qui peuvent à bon droit passer pour très arides, mais peut-être l'importance des résultats suffira-t-elle à dédommager le lecteur de la fatigue qu'il devra surmonter.

J'essayerai donc de dire ce que je crois avoir appris par la fréquentation du monde minéral, monde essentiellement paisible, au sein duquel j'ai déjà goûté vingt-cinq années d'une parfaite sérénité.

Le monde minéral se distingue essentiellement par l'absence d'organisation.

Qu'est-ce que l'organisation ? C'est une hiérarchie établie entre les parties d'un tout, hiérarchie en vertu de laquelle les diverses portions de ce tout, d'une part, ne sont pas identiques, et, d'autre part, exercent des fonctions distinctes.

Dans tout être organisé, si simple qu'il soit, on est assuré de rencontrer des parties qui diffèrent entre elles par leur nature, leur forme et leur rôle. En outre, l'être est le siège d'une série de mouvements qui engendrent une succession de destructions et de renouvellements, dont l'ensemble constitue la vie.

Enfin dussiez-vous descendre jusqu'à la cellule, vous trouvez toujours dans le monde organique, un être au moins visible au microscope, qui mérite le nom d'individu, et cet être est organisé de telle façon qu'il puisse pourvoir, par un acte spécial, à la continuation de son espèce lorsque lui-même aura disparu.

Dans le monde minéral, il n'y a rien d'analogue. Toutes les parties d'un minéral homogène sont identiques entre elles, non seulement au point de vue de la nature et de la forme, mais au point de vue du rôle qu'elles jouent. Ce rôle d'ailleurs se borne à garder, les unes vis-à-vis des autres, les relations de position moyenne qui les caractérisent. Tandis que l'être organisé est soumis à un perpétuel changement, l'être minéral reste le même, identique avec lui-même aussi longtemps que les circonstances extérieures ne changent pas.

Il y a donc à la fois identité de toutes les parties de l'édifice, absence totale de hiérarchie, absence totale de fonctions; en un mot identité et stabilité absolue de l'édifice dans u milieu supposé invariable.

Telle est la définition du monde minéral Maintenant, afin de bien connaître ce monde il faut étudier ses manifestations les plus normales. Pour cela faisons appel à cette notion d'expérience, que la matière peut se présente à nous sous deux états : l'état amorphe o chaotique et l'état cristallin.

L'état amorphe ne se traduit au dedans pa aucune forme spéciale au corps considéré et n se révèle au dehors par aucune disposition particulière des propriétés physiques. Il y a don absence totale d'ordonnance. Or cet état s produit toutes les fois qu'un corps passe brusquement de l'état fluide à l'état solide.

Au contraire, si le passage s'effectue trè lentement, soit que vous laissiez un liquide s refroidir progressivement, soit que vous fassiez évaporer une dissolution dans une cave, le passage à l'état solide entraîne la production d'une forme cristalline.

Alors on obtient de véritables solides géométriques, tout à fait remarquables par la régularité de leur figure, comportant un assemblage de faces planes qui s'agencent ensemble de manière à donner ce qu'en géométrie on appelle un polyèdre, solide dont toutes les arêtes sont des lignes droites. D'ailleurs, sur toute son étendue, chacune des faces planes et des arêtes demeure identique avec elle-même par l'ensemble de ses propriétés visibles.

Pourquoi la matière en voie de cristallisation s'est-elle limitée ainsi au dehors suivant ces plans ? C'est évidemment parce que, le long de ces plans et sur toute leur étendue, la condition d'existence du corps cristallin relativement au milieu ambiant était le même pour toutes les particules.

La formation des cristaux prouve donc que dans la matière minérale, lorsqu'elle peut se constituer à l'abri de toutes les influences perturbatrices, de façon qu'il n'y ait à compter qu'avec les actions réciproques des particules, il y a une force en jeu qui oblige ces particules à se grouper de préférence suivant des plans, lesquels, tout naturellement, se couperont suivant des lignes droites.

Si nous regardons un groupe de cristaux de roche, dont chacun a pour forme normale celle d'un prisme régulier à six pans, deux à deux parallèles, nous constatons non seulement que les faces parallèles jouissent des mêmes propriétés extérieures (éclat, dureté, stries de la surface, etc.) ; mais que les trois couples, sont identiques entre eux à ce même point de vue.

Le cristal de roche accuse donc la tendance de sa substance à grouper ses particules d'une façon identique, non pas suivant une direction plane unique, mais suivant un assez grand nombre de directions se croisant dans l'espace.

Cette constatation, qui peut se répéter à un degré variable sur tous les cristaux, nous met à même de découvrir la loi de la structure intime des corps cristallisés.

Cependant si nous n'avions à cet égard que les renseignements fournis par la forme extérieure des cristaux, les conclusions manqueraient de généralité, puisque le nombre des faces est limité, et que leur production ne dépend pas de nous.

Pourtant quand on considère une série de cristaux de la même espèce, formant par leur groupement ce qu'on appelle une géode, on voit que tous ces cristaux ont la même forme; non que, dans tous, la figure géométrique soit identiquement la même; mais parce que ces cristaux, grands ou petits, sont composés du même nombre de faces; et cela de telle sorte que, quel que soit le développement plus ou moins complet de telle ou telle face, on peut, en détachant ces cristaux de leur géode, les orienter tous de façon à ce que toutes les faces homologues soient rigoureusement parallèles, les divers cristaux ne différant que par la place plus ou moins grande qu'occupe une face donnée.

Par là on est conduit à se dire que les petits cristaux représentent l'état de la matière dans l'intérieur des plus gros, et qu'ainsi on pourrait diviser chacun de ces derniers en autant d'êtres qu'il y a de cristaux plus petits; si bien que l'identité de propriétés, constatée en ce qui concerne les faces naturelles de chaque prisme peut être logiquement étendue à toutes les directions parallèles qu'on pourrait concevoir dans l'intérieur du cristal.

Cependant, si justifiée qu'elle paraisse, cette conclusion ne deviendra définitive que s'il est possible de trouver un phénomène dépendant de la cristallisation, qui permette d'étendre, à toutes les surfaces parallèles sans exception, le privilège d'homogénéité. A cette exigence répond bien la propriété connue sous le nom de *clivage*.

Voici du mica, substance qui se divise en minces lamelles flexibles, parallèles les unes aux autres, et susceptibles de se produire en nombre infini.

Pour la direction de ces lamelles, j'ai le droit d'affirmer que la propriété de constitution identique suivant les plans de clivage s'étend à toutes les directions parallèles, quel qu'en soit le nombre.

Mais le mica ne me permet de faire cette

constatation que pour une direction, tandis que le gypse ou pierre à plâtre en cristaux permet de la faire pour trois. Il en est de même de la calcite ou chaux carbonatée; et il est des substances comme la blende, ou zinc sulfuré, qui ont six directions de clivage absolument identiques entre elles.

Nous pouvons donc affirmer que la propriété d'identité de la constitution, suivant des plans parallèles, s'étend à tous les plans en nombre infini qu'il est permis de concevoir à travers le cristal, à condition que la direction de ces plans soit celle des clivages de l'espèce.

Le phénomène du clivage nous enseigne que, dans la matière cristallisée, il existe des directions privilégiées, suivant lesquelles la cohésion des particules est un maximum ; ce qui fait que, quand on essaie de briser un cristal, c'est suivant ces plans de plus grande cohésion que les particules tendent à rester groupées quand la séparation se produit. Or, cette identité de cohésion suppose une disposition réciproque identique des particules, et nous venons de voir que cette disposition restait la même pour toutes les directions parallèles, quel qu'en fût le nombre.

De là à conclure que la matière cristallisée offre une constitution identique suivant des plans parallèles, même quand ce ne sont pas des directions de clivage, il n'y a pas loin ; mais, pour que la généralisation de cette loi ne reste pas une affaire de sentiment, et qu'on puisse la dire fondée sur l'expérience, nous allons faire appel à un ordre de propriétés physiques encore plus intime que celui du clivage, c'est-à-dire qui puisse être facilement étudié dans toutes les directions. La conductibilité calorifique des cristaux est de ce nombre.

Supposons que je prenne un petit bloc de matière cristallisée et que je le polisse à ma volonté, suivant une direction quelconque. Sur cette face polie, je puis étendre une couche très légère de cire. Cela fait, j'approche, avec les précautions voulues pour éviter le rayonnement, une pointe de platine, par exemple, portée à la chaleur rouge. Immédiatement la cire se met à fondre. La chaleur communiquée à ce point spécial du cristal rayonne à droite et à gauche et fait avancer de plus en plus la fusion de la cire. Si, à un moment donné, on arrête l'expérience, on constate que la partie fondue de la cire est séparée de la partie qui reste encore à fondre par une courbe continue. Cette courbe réunit évidemment tous les points où est parvenue, au même moment, la propagation du mouvement calorifique.

Si les mouvements calorifiques se propageaient dans tous les sens avec la même vitesse, la courbe obtenue devrait être un cercle. L'expérience montre, en effet, que si l'on prend une matière amorphe telle que le verre, dans quelque sens que la plaque soit taillée, la courbe est toujours un cercle.

Au contraire, avec un corps cristallisé, on constate que, dans la grande généralité des cas, la courbe est une ellipse, c'est-à-dire que la vitesse de propagation varie avec les directions suivies. En outre, la forme de l'ellipse, c'est-à-dire le rapport du grand axe avec le petit axe, varie suivant la face considérée. Mais toutes les faces parallèles ont la même ellipse.

Cette expérience est fondamentale, et voici les conséquences que nous en pouvons tirer. D'abord, puisque la face peut être arbitrairement taillée dans une direction quelconque, et que toutes les directions parallèles donnent le même résultat, cela veut dire que, dans la matière cristallisée, l'identité de constitution existe suivant une infinité de directions planes.

Ensuite, puisque la propagation de la chaleur est une communication de particule à particule, ce qui règle la rapidité plus ou moins grande de propagation du mouvement calorifique ne peut être que la distance plus ou moins grande des particules. Si elles sont très voisines dans une direction, elles se communiqueront beaucoup plus facilement l'échauffement que si elles sont éloignées.

Ici nous faisons une hypothèse ; nous admettons que la matière n'est pas continue. Mais cela va de soi, car s'il y avait continuité, les phénomènes de la dilatation et de la contraction des corps seraient inexplicables.

Partant de là, le fait constaté nous autorise à dire que, dans un corps cristallisé, la distribution des particules dépend des directions suivies ; qu'elle varie avec les directions ; mais qu'elle est la même pour toutes les directions parallèles, quel qu'en soit le point de départ.

De là nous allons pouvoir déduire le mode spécial d'ordonnance qui prévaut dans la matière cristallisée.

Dans un corps amorphe, les particules ne sont pas ordonnées. Le corps ressemble à ce qu'on obtiendrait si, prenant une poignée de grains de blé tous identiques, on les jetait violemment dans un panier ; ils tomberaient sans aucune ordonnance, allongés les uns dans un sens, les autres dans un autre. En moyenne, le désordre serait également grand dans toutes les directions. Voilà pourquoi elles paraîtraient identiques.

Au contraire, dans les corps où les particules ont été laissées libres de n'obéir qu'à leurs actions mutuelles, il s'est introduit par là même une ordonnance des particules qui dépend des directions suivies. Il y a différence de distribution quand les directions sont différentes, et identité absolue quand les directions sont parallèles.

Tel est le fait essentiel propre aux corps cristallisés.

Comme l'expérience, du moins dans les limites de ce qui est observable, peut être répétée quel que soit le point de départ choisi et en donnant toujours le même résultat, il est permis de formuler autrement la notion à laquelle nous venons d'arriver, en disant que ce qui caractérise essentiellement un corps cristallisé, c'est l'existence d'une infinité de points possédant la même distribution de la matière autour de chacun d'eux.

Si on appelle homologues les points pour lesquels la distribution de la matière est la même, on pourra dire que la propriété essentielle d'un corps cristallisé est l'existence d'une infinité de points homologues.

Cela nous permet de concevoir un mode tout à fait simple et tout à fait géométrique pour représenter la constitution intime des milieux cristallins.

Soit un point quelconque, centre d'une particule matérielle, autour duquel la matière est disposée d'une certaine façon.

Nous savons qu'il existe une infinité d'autres centres, homologues du point considéré. Parmi eux, j'en choisis un qui soit plus près que tous les autres du point initial. Il n'est pas contigu au premier, puisque sans cela la matière serait continue, mais il en est séparé par un certain intervalle ou paramètre *a*.

Puisque la loi d'égale constitution de la matière prévaut pour tous les points homologues, il en existe un, situé à droite du second, comme ce second est situé relativement au premier. On en déduit aisément que, sur la ligne qui joint les deux premiers homologues, il en doit exister une infinité d'autres, tous équidistants de la même quantité *a*. Et comme cette propriété s'étend à tous les homologues, on voit que, dans les corps cristallisés, il existe une infinité de directions sur lesquelles les particules doivent être groupées en ligne droite, leur écartement, constant pour une direction donnée, étant variable avec la direction suivie (1).

Si, revenant à la première file d'homologues, nous choisissons, en dehors d'elle, un autre homologue du point de départ, séparé de celui-ci par un intervalle *b*, non seulement la nouvelle ligne sera une file d'homologues, équidistants de la même quantité *b* ; mais de chacun de ses points partira une file parallèle à la première ; et tous les points homologues de ces files parallèles engendreront un réseau plan en quinconce, appuyé sur les lignes *a* et *b*.

Sur toute l'étendue de ce réseau plan, il y a identité dans la répartition réciproque des particules. Et comme cette identité se répéterait (mais dans une mesure différente de la première) pour tout plan conçu dans le milieu cristallin, à condition qu'il passe par trois points homologues quelconques, il est aisé de comprendre pourquoi la matière cristallisée se limite toujours par des plans. C'est que, au moment où le cristal s'individualise, il n'y a que suivant des surfaces planes que l'identité de répartition des particules puisse assurer une résistance uniforme vis-à-vis de l'extérieur.

Enfin il serait facile de voir que, d'un réseau plan au réseau parallèle le plus voisin, les points homologues se groupent en formant une série de petits solides parallélépipédiques, tous égaux et régulièrement juxtaposés. Ainsi l'es-

(1) Voir le développement de ces notions, avec figures à l'appui, dans le *Cours de Minéralogie* de M. de Lapparent.

pace cristallin peut se partager en une infinité de prismes identiques ; le cas le plus simple étant celui d'une infinité de cubes accolés.

Jusqu'ici nous n'avons fait, sur la constitution de la matière, aucune autre hypothèse que celle de sa discontinuité. Admettons maintenant la réalité des *molécules* ou particules élémentaires, dont l'existence semble prouvée par la chimie. Ce que nous venons de voir nous enseigne que, dans un corps qui cristallise, le centre de gravité de chaque particule doit venir se placer sur un sommet homologue. Donc les particules matérielles sont assujetties à la loi du groupement parallélépipédique.

Ce n'est pas tout, et si nous admettons que l'identité des points homologues s'étende aux intervalles intermoléculaires, bien que ces derniers échappent actuellement, par leur petitesse, à toute observation directe, on en déduira immédiatement que toutes les molécules, formées chacune d'un ensemble de sommets ou atomes constituant un polyèdre géométrique, doivent, dans l'acte de la cristallisation, s'orienter de la même façon.

Ainsi, un corps cristallisé s'offre maintenant à nous comme un édifice dont tous les matériaux ou molécules sont non seulement identiques entre eux, mais identiquement orientés et, de plus, obéissant à la loi de la disposition en réseau, laquelle comporte l'équidistance des molécules suivant des directions rectilignes, et l'identité de leur arrangement réciproque suivant des plans.

Remarquons d'ailleurs qu'un corps qui cristallise sans trouble n'ayant à compter qu'avec les actions réciproques de ses particules élémentaires, ce n'est que quand ces dernières sont toutes orientées de la même façon qu'il peut y avoir équilibre parfait; sans quoi les particules différemment orientées ne subiraient pas, de la part de l'ensemble, les mêmes actions mécaniques. On conçoit donc *a priori* que toutes les molécules doivent prendre la même orientation, celle-ci devant d'ailleurs être déterminée par les conditions propres à la structure de la molécule.

En effet, l'expérience nous enseigne qu'une substance donnée affecte toujours, quand elle cristallise, sinon la même forme, du moins le même degré de symétrie, toujours facile à rapporter à une *forme primitive* constante, comme 'a depuis longtemps démontré Hauy. D'autre part, cette forme primitive varie avec les différents corps, étant invariablement liée à leur nature.

Or, si les molécules n'avaient pas de forme, on ne concevrait pas qu'elles dussent obéir, ors de la cristallisation, à une autre disposiion que celle du plus simple des parallélépipèdes, c'est-à-dire du cube. Tous les corps ristalliseraient donc dans le système cubique, la fois le plus simple et le plus riche en ymétrie de tous.

S'il n'en est pas ainsi, c'est que le système le cristallisation est déterminé par la forme propre de la molécule. Cette forme résulte de la façon dont se groupent, autour de leur centre de gravité commun, les divers atomes dont la réunion engendre la molécule. Celle-ci constitue donc, à vrai dire, l'*individu* minéral, celui au-dessous duquel l'on ne peut descendre, sans détruire, sinon la matière, du moins la *substance* concrète ; et c'est la forme de cet individu, variable avec chaque corps, qui détermine le choix du système cristallin.

Lorqu'un corps cristallise à l'abri de toutes les causes extérieures de trouble, le fait fondamental est l'obligation où se trouvent les molécules d'abord de s'orienter de la même manière, ensuite de disposer leurs centres de gravité sur les sommets d'un assemblage de parallélépipèdes contigus.

Or, l'expérience et même aussi le raisonnement géométrique *a priori* enseignent qu'il n'y a que sept manières de réaliser l'arrangement parallélépipédique ; depuis le cube, où toutes les arêtes sont égales et perpendiculaires les unes aux autres, jusqu'à ce qu'on appelle le prisme doublement oblique, dont les arêtes fondamentales, différant les unes des autres par leurs proportions relatives, diffèrent aussi par leur inclinaison.

Un corps qui cristallise est donc dans une situation analogue à celle d'un régiment de conscrits, à l'habillement duquel on va procéder, mais à la condition de se contenter, pour le choix de l'uniforme, de *sept tailles* distinctes. Naturellement, on choisira pour chaque homme la taille qui lui convient le mieux; mais tandis que, pour les uns, cette convenance pourra être parfaite, pour le plus grand nombre elle sera incomplète.

De la même façon, le corps en voie de cristallisation ne peut choisir, pour aligner les centres de gravité de ses molécules, que l'un des sept systèmes admissibles de parallélépipèdes. Vraisemblablement, il choisira celui des systèmes avec lequel sa symétrie a le plus d'éléments communs. Mais la molécule est un polyèdre, dont la symétrie propre, dépendant du nombre et de l'agencement des atomes, n'obéit pas nécessairement aux lois qui règlent la symétrie beaucoup plus étroitement spécifiée des parallélépipèdes. Par conséquent, il se produira deux cas :

Dans l'un, le moins fréquent, il y aura identité entre les deux symétries. Alors, la cristallisation du corps mettra en évidence toutes les propriétés qui pouvaient être géométriquement déduites de la constitution de l'assemblage de parallélépipèdes. Dans l'autre cas, il pourra arriver que la discordance des deux symétries se traduise par un déficit dans la richesse de certaines formes.

Ainsi s'explique une propriété qui avait frappé les premiers christallographes, mais dont ils avaient été impuissants à donner la justification.

On voyait des corps qui affectent la forme d'un cube, où, par conséquent, les huit angles devraient être parfaitement identiques, présenter des modifications ou troncatures, en forme de triangle équilatéral, qui ne se produisaient que sur quatre angles alternants. Cette propriété de réduire à moitié le nombre des faces possibles, avait été qualifiée d'*hémiédrie*, et il semblait que ce fût une pure fantaisie de la nature ; même cette fantaisie était poussée dans certains cristaux jusqu'à produire la réduction de certaines formes au quart de leurs faces, sans parler d'autres anomalies tout aussi singulières et en désaccord apparent avec la symétrie réelle.

Or, les belles études de Bravais ont montré que ces dérogations mettaient simplement en évidence le défaut de symétrie de la molécule, relativement au système qu'elle avait dû choisir faute de mieux ; et il a été facile de grouper tous les faits du même genre autour d'une théorie parfaitement simple, qui permet de prévoir d'avance tous les cas susceptibles de se réaliser, suivant l'écart plus ou moins grand qui peut exister entre la symétrie des molécules et l'assemblage que le corps est forcé d'adopter.

Ainsi, l'étude des cristaux apporte un argument de très grande force en faveur de l'existence des molécules, qui sont le dernier élément auquel un corps minéral puisse se réduire sans perdre son individualité.

Cette conclusion semble infirmer le principe de la divisibilité à l'infini de la matière. Mais il y a là une pure question de mots.

L'étendue est une conception de notre esprit.

Elle peut se subdiviser indéfiniment, puisqu'une division de cette étendue étant donnée, nous pouvons toujours en supposer une plus petite. Donc, il est évident qu'en tant que douée d'étendue, la matière est divisible à l'infini. Mais s'il s'agit de matière concrète et spécifiée, il y a pour celle-ci un élément ultime.

C'est la molécule. A vouloir la diviser, on détruit le corps. Il peut encore subsister des atomes après cette division ; mais ils sont devenus impuissants à former le corps auquel on avait affaire.

A cet égard, permettez-moi une comparaison.

A la guerre, un régiment subsiste aussi longtemps qu'il survit un soldat. Un bataillon, une compagnie, une escouade, représentent encore le régiment. En cas de disparition de tous les soldats moins un, celui-là est encore la représentation de l'unité diminuée. Mais s'il vient à être coupé en deux par un éclat d'obus, il est bien évident que le régiment n'existe plus.

Il en est de même de la matière concrète.

L'étude des cristaux nous révèle encore des particularités extrêmement intéressantes et sur lesquelles je dois vous dire un mot.

Les lois exposées jusqu'ici ont cela de particulier que, pour qu'elles s'appliquent rigoureusement, il faut que la matière soit parfaitement homogène. Cette homogénéité peut-elle se réaliser ?

Cela n'est pas possible en pratique. En effet, comment se font les cristaux ?

Lorsqu'une dissolution est saturée et que

l'on vient à dépasser le point au delà duquel elle ne peut rester tout entière à l'état de liquide, un cristal se forme ; mais dès qu'il est formé, à moins d'avoir un moyen de restituer immédiatement à la liqueur le degré de saturation qu'elle vient de perdre, le milieu n'est plus identiquement le même ; donc, les conditions de la cristallisation ont légèrement changé.

Par suite, nos règles initiales doivent théoriquement être mises en échec, aussitôt qu'on dépasse l'infiniment petit, et il n'est nullement sûr qu'un cristal de dimensions appréciables ait partout identité d'orientation des molécules et identité de position de ses parallélépipèdes.

En fait, les cristaux qui se forment les uns à côté des autres prennent des orientations différentes. Mais il y a des cas très nombreux où la juxtaposition des cristaux obéit à des lois très simples, qui engendrent ce qu'on appelle des *macles*.

L'étude de ces macles a montré que presque toujours les cristaux s'assemblent suivant une face qui leur est commune. En outre, la plupart du temps, les macles obéissent à la loi suivante : Si on suppose que les deux cristaux actuellement distincts aient été d'abord dans le prolongement exact l'un de l'autre, les choses se passent comme si cet individu unique avait été coupé suivant le plan de macle, et qu'ensuite une des moitiés eût tourné d'une demi-circonférence autour d'une ligne à angle droit sur le même plan.

Or, d'une façon générale, ce mouvement a simplement pour résultat de procurer au second cristal une position exactement symétrique de celle du premier. Les deux individus n'ont pas pu se mettre dans le prolongement l'un de l'autre ; ce qui eût été l'idéal pour une matière homogène et partout soumise aux mêmes actions. Mais, comme dédommagement, ils ont été conduits à se disposer symétriquement, de manière à se faire équilibre l'un à l'autre, en vue de la stabilité de l'ensemble.

Beaucoup d'autres conclusions curieuses découlent de l'étude des cristaux maclés.

Voici, par exemple, une macle qu'on appelle la *croisette de Bretagne*. Ce sont deux cristaux, d'une substance faite de silice et d'alumine, qu'on nomme la staurotide. Ces deux cristaux, tous deux allongés dans le même sens, se mettent en croix grecque, ce qui donne à leur ensemble une symétrie plus parfaite que celle de chaque individu pris isolément.

Un exemple analogue nous est offert par la curieuse macle de la *croix de fer*, fréquente dans la pyrite ou sulfure de fer. Deux individus, chacun de symétrie incomplète à cause de ce qui manque à leur molécule, s'y croisent de telle sorte que la partie commune aux deux cristaux accolés récupère la symétrie totale qui manquait à chacun d'eux.

Il était question tout à l'heure de ces deux cristaux qui s'assemblent de manière à former une croix grecque.

Il y a des substances, douées du même mode

de symétrie, qui superposent à la première macle une seconde dont l'axe est à angle droit sur celle-ci, de manière à réaliser quelque chose d'analogue à ces trois bâtons en double croix que les couvreurs laissent pendre dans la rue pour avertir les passants. Or, cela revient à dire qu'une substance, qui avait le droit de s'allonger suivant une seule direction, a trouvé moyen, par des combinaisons d'individus, de réaliser cet allongement suivant trois directions, rectangulaires entre elles comme le sont les directions fondamentales du système cubique.

Ce n'est pas tout ; les trois cristaux ainsi accolés, et entre lesquels il subsiste des angles rentrants, sont, par le fait de ces angles, exposés aux attaques du dehors. Eh bien ! dans certaines substances, on les voit se contracter, en quelque sorte, autour du centre commun, jusqu'à ce que les angles rentrants soient totalement supprimés ; auquel cas on n'aperçoit plus qu'un solide à douze faces en losange, qui paraît identique dans toutes ses parties et réalise, pour un cristal, ce qu'il y a de plus voisin d'une sphère, c'est-à-dire du solide le mieux fait pour se défendre par l'amoindrissement de sa surface.

Ainsi, non seulement le cristal a trouvé moyen de présenter, suivant les trois directions de l'espace, la même résistance ; mais encore sa contraction l'a placé, vis-à-vis du dehors, dans le meilleur état de défense, comme si la loi *de la moindre action*, identique avec le *principe de conservation de l'énergie,* était au fond des groupements de cristaux.

Et ce n'est pas une simple vue de l'esprit. Ainsi on connaît des cristaux de grenat qui se présentent sous la forme de douze faces en losange. Mais chacune de ces faces, examinée par des procédés optiques, se montre composée de quatre parties presque identiquement situées dans le même plan. Or, un scalpel habilement manié montre que le cristal est en réalité formé de *quarante-huit pyramides*, toutes de symétrie très inférieure à celle du système cubique. Mais l'angle au sommet de ces pyramides est tel que, groupées autour du même point, elles remplissent tout l'espace. Cela suffit pour que le groupement se produise, et, de cette façon, le corps fait face à l'ennemi, c'est-à-dire aux actions destructives, par la forme à la fois la plus régulière et la plus ramassée, c'est-à-dire la plus résistante qu'on puisse concevoir, même dans le système de symétrie le plus richement pourvu.

En résumé, on peut dire que les lois assignées à la constitution du monde minéral ont pour effet de l'aider à conquérir, par des arrangements appropriés, le plus de symétrie possible, et cela en vue d'une meilleure résistance des édifices ainsi construits.

Au même ordre d'idées se rattachent les enseignements que nous fournit l'étude d'un phénomène appartenant à la fois à la minéralogie et à la chimie, celui de l'*isomorphisme*.

On sait que la loi fondamentale des combinaisons chimiques est celle des *proportions définies*, d'après laquelle deux corps donnés ne peuvent se combiner que suivant certains rapports de poids, qui représentent les poids respectifs des atomes constituants.

Cependant il y a longtemps que les chimistes ont reconnu l'existence d'une propriété qui semble contradictoire avec cette règle : c'est l'*isomorphisme*, en vertu duquel on voit certains corps s'unir suivant des proportions quelconques en donnant néanmoins des cristaux de forme bien définie.

Ainsi, prenez du sulfate de fer et du sulfate de magnésie, faites-les dissoudre ensemble, puis cristalliser, vous aurez des cristaux qui pourront être composés des deux sulfates dans une proportion absolument quelconque. Comment expliquer cette apparente contradiction de la loi des proportions définies ?

L'expérience démontre que l'isomorphisme n'a jamais lieu qu'entre corps dont les formes cristallines sont presque identiques. C'est pour cela que, quand un sulfate de fer vient à cristalliser, il est à peu près indifférent qu'un certain nombre de ses molécules soient remplacées par celles du sulfate de magnésie, puisque, jouant le même rôle chimique, elles ont sensiblement la même forme et le même volume que celles dont elles prennent la place.

Nous sommes en droit d'en conclure que la nature consent à composer des édifices d'appaence homogène avec des matériaux qui ne ont pas complètement identiques.

Je suppose que nous ayons commandé à un uvrier des pierres de taille qui doivent être igoureusement cubiques, afin d'être assemblées pour la construction d'un grand pilier de ection carrée.

L'essence du cube est d'avoir toutes ses rêtes égales entre elles et tous ses angles paraitement droits. L'ouvrier a fait de son mieux; éanmoins, il nous apporte des cubes qui ne ont pas rigoureusement exacts. Nous pourrions 'obliger à recommencer, auquel cas il aura erdu son temps. Mais, si nous voulons être olérant, nous nous dirons qu'après tout il 'agit de faibles différences, et qu'en variant vec adresse l'orientation de ces matériaux éfectueux, nous arriverons à les juxtaposer e telle sorte que l'édifice total diffère à peine e ce qu'il devrait être.

Le grand Architecte de l'univers, pour arler comme les anciens francs-maçons, use e procédés semblables. Il nous donne l'exemple e la tolérance en permettant à des matériaux uelque peu hétérogènes de concourir à la onstruction d'un même édifice, pourvu que la ifférence intrinsèque ne soit pas trop grande.

Cette faculté s'étend beaucoup plus loin qu'on e pensait à l'origine. On est parvenu à rendre ompte de cette extension en reconnaissant ue, la plupart du temps, les différences crisallographiques intrinsèques des espèces minéales ne sont pas aussi grandes qu'elles paraissent au premier abord ; si bien qu'une modification légère dans la façon de concevoir leurs formes primitives les ramène sans peine à des types presque identiques. Et alors, un faible effort d'arrangement entre ces parties peu différentes suffit pour atténuer l'hétérogénéité de leurs groupements.

Il reste à faire voir que cette faculté d'arrangement peut être rendue tangible, de telle sorte qu'on assisterait en réalité, dans certains cas du moins, à ces tentatives de groupement symétrique. C'est ce qu'il est aisé de vérifier sur plusieurs minéraux cristallisés.

Il en est qui, étudiés en lames transparentes, sous le microscope, présentent à la température ordinaire les propriétés caractéristiques d'une symétrie inférieure. Or si, continuant à observer, on chauffe la plaque du minéral, on constate qu'à une certaine température le corps devient subitement cubique, c'est-à-dire acquiert le maximum de symétrie. Qu'est-ce à dire, sinon que les circonstances de la cristallisation n'avaient pas permis aux diverses parties du corps de prendre le meilleur arrangement ; mais que ce dernier devient possible lorsque, par l'application de la chaleur, on a rendu à ces particules assez de mobilité pour leur permettre d'obéir à la grande loi protectrice qui les sollicite ?

De cet ordre de faits se rapproche intimement une expérience qu'on peut appeler la plus curieuse et la plus suggestive de toute la minéralogie ; car, aucune autre n'est plus propre à affirmer la réalité de l'existence des molécules, ainsi que leur aptitude à prendre l'orientation qui leur convient le mieux.

On prend un petit prisme de spath d'Islande, de quelques millimètres d'épaisseur, et un peu plus long que large. On le pose, par une de ses arêtes, sur un plan horizontal, de manière qu'une des diagonales de sa section en forme de losange soit verticale. Ensuite, approchant de ce prisme la lame d'un canif, on essaie d'enfoncer verticalement cette lame. Cela paraît une gageure, car le spath est très résistant et ne se laisse pas entamer dans cette direction. Cependant, il arrive un moment où l'on sent que la lame pénètre dans le cristal comme dans du beurre.

Si alors on regarde ce qui s'est produit, on constate que l'outil a fait naître, non une fente mince, mais une ouverture en forme d'auge à faces planes. De plus, d'un côté de cette auge, le cristal n'a subi aucune modification, tandis que, de l'autre côté, le losange, primitivement plan, qui terminait le spath, est maintenant divisé en deux parties formant, autour d'une ligne horizontale, un *angle rentrant*, et cela sans aucune solution de continuité. Autour de l'arête horizontale de cet angle, deux triangles se font face, devenus exactement symétriques l'un de l'autre.

Il est donc évident que, sous l'effort exercé, toute une partie a dû chercher un autre équilibre. Les molécules ont tourné, prenant la position inverse, et ainsi le cristal, en apparence si rigide, a obéi à la compression tout comme l'arrangement des parties, dans l'expérience précédente, obéissait aux sollicitations de la chaleur.

De tout ce qui vient d'être dit, nous pouvons conclure que, dans la manière d'être de la matière cristallisée, il semble y avoir, d'une part, affirmation de l'existence des molécules (1), envisagées comme des polyèdres, dont la forme détermine par elle-même le mode de symétrie qui sera choisi pour la cristallisation. D'autre part, on constate que partout c'est le principe de la moindre action qui prévaut ; dans toutes les combinaisons de formes que les corps minéraux peuvent affecter, il y a manifestation constante de cette tendance à réaliser une symétrie supérieure, par l'ingénieuse disposition d'éléments doués d'une symétrie moins élevée, et cela en vue d'obtenir des édifices plus stables.

Ainsi, le monde minéral nous donne de grands et salutaires enseignements, en nous montrant partout à l'œuvre ce principe essentiellement sage de la moindre action, ainsi que la recherche obstinée de l'ordre et de la symétrie.

---

(1) Ces molécules cristallines ne sont pas nécessairement simples, et peuvent résulter du groupement régulier de plusieurs molécules chimiques.

§ 3. — A propos des hypothèses moléculaires (1)

Je ne me dissimule pas qu'il y a quelque témérité à se présenter, dans cette Revue, comme l'avocat d'une cause dont le procès a été instruit ici même avec quelque sévérité, alors que tous les lecteurs sont encore sous l'impression du magistral exposé consacré par M. Duhem à *la Notion de mixte*.

Avec une logique implacable, appuyée sur une connaissance merveilleusement approfondie de tout ce qui touche à la matière, le savant professeur a disséqué, morceau par morceau, la conception moléculaire, s'attachant à mettre en pleine lumière ses obscurités et ses imperfections. Et, si nous interprétons bien ses conclusions, il n'a pas hésité à recommander l'abandon définitif d'une doctrine, qui jusqu'alors avait paru en légitime possession d'une adhésion presque universelle.

Il n'y aurait donc plus ni atomes ni molécules, exécutant dans l'espace des mouvements définis, mais seulement des substances, les unes *simples*, les autres *mixtes*, déployant des *qualités* spéciales, et n'offrant dans leurs évolutions qu'une seule chose invariable, à savoir leur masse, constante à travers toutes les transformations observées.

Loin de considérer cette conclusion comme

(1) Extrait de la *Revue de Philosophie*, 1er février 1902.

un recul, l'éminent physicien s'y complaît comme dans un progrès, tout heureux, semble-t-il, d'être débarrassé du cauchemar des hypothèses mécanistes, et de pouvoir revenir à la conception aristotélicienne, perfectionnée seulement par la considération de l'invariabilité des masses.

Il est vrai qu'au moment même où paraissaient les articles de M. Duhem, des manifestations en sens contraire se produisaient, tant en France qu'en Angleterre. Dans la *Revue scientifique* du 13 avril 1901, M. Jean Perrin présentait un lumineux et séduisant exposé des hypothèses moléculaires, tout à l'honneur de celles-ci. La même année, lors de la réunion de l'Association britannique pour l'avancement des sciences, un des présidents de section, l'éminent M. Rücker, choisissait le même sujet pour un discours d'ouverture, où il insistait avec une grande force sur les progrès que ces hypothèses ont permis de réaliser dans la connaissance du monde matériel. Enfin, peu de temps auparavant, dans la *Revue des Deux-Mondes,* la plume élégante de M. Dastre s'était appliquée à faire connaître aux esprits cultivés les grandes lignes de cette branche, si curieuse et si suggestive, de la théorie moléculaire, qui a récemment pris naissance sous le nom de doctrine des *ions*.

En présence de cette contradiction, n'est-il point permis de se demander si M. Duhem n'aurait pas quelque peu dépassé la mesure, et ne se serait pas montré d'une sévérité excessive, condamnant en bloc et sans appel une doctrine dont quelques détails, peut-être, avaient seuls besoin d'être revisés? Cette condamnation, telle qu'elle est formulée, ou telle du moins qu'on peut être tenté de l'interpréter, n'aurait-elle pas pour effet de nous rejeter en plein dans la région des nuages, par le discrédit qu'elle semble vouloir infliger, au moins implicitement, aux notions fondamentales de discontinuité et de mouvement, sans lesquelles il ne semble pas pourtant que notre esprit puisse concevoir une représentation précise des phénomènes?

Je sais bien qu'une telle conséquence n'est pas pour effrayer des mathématiciens habitués à se mouvoir dans le continu, et assez justement fiers de leurs formules pour faire plus volontiers bon marché d'une représentation figurative des choses, quand ils savent que d'un simple système d'équations différentielles, ne répondant à aucune signification vraiment objective, on saura tirer toute une théorie féconde en résultats.

Mais on ne devra pas s'étonner si cette disposition se retrouve, à un beaucoup moindre degré, chez ceux qui manient la matière concrète ; surtout chez ceux qui, non contents de l'étudier sous la forme déjà bien atténuée qu'il faut lui faire prendre pour la rendre accessible aux réactions chimiques, l'envisagent telle qu'elle se présente à nous dans la nature. Ceux-là oublient moins aisément la réalité pour ne considérer que les abstractions dont le calcul s'accommode ; et l'observation de chaque jour les rend sensibles à une foule de faits dont la vertu démonstrative peut échapper aux géomètres de la physique mathématique.

Au nombre de ces faits, il y en a un sur lequel on m'excusera de vouloir insister, d'abord parce qu'il appartient à l'ordre des choses que, par profession, je suis constamment amené à envisager, et que déjà j'ai eu l'occasion d'en parler dans cette Revue ; ensuite parce que je ne peux me défendre d'y voir un remarquable exemple de l'évolution paisible que peut subir une hypothèse, défectueuse à ses débuts, pour s'accommoder, sans renonciation de son principe, aux progrès d'une science mieux informée. Je fais allusion aux propriétés des cristaux, la forme assurément la plus simple et la mieux ordonnée sous laquelle la matière concrète puisse s'offrir à nous.

S'il est une loi qu'on ait le droit de considérer comme démontrée, c'est celle qui règle, dans les cristaux homogènes, la distribution des propriétés physiques de tout genre ; distribution variable, en général, avec les directions suivies, mais identique pour toutes les directions parallèles, quel qu'en soit le point de départ.

Or, comment les propriétés physiques peuvent-elles varier avec les directions, sinon parce que l'ordonnance de la matière y suit la même loi de variation ? A moins donc de se refuser à admettre, dans la répartition des éléments pondérables, une discontinuité contre laquelle toutes les expériences protestent, le principe expérimental qui vient d'être rappelé se transforme de lui-même en une loi réglant la distribution des éléments matériels dans tout corps cristallisé. On sait comment, de cette loi, Bravais a tiré la lumineuse conception des réseaux cristallins, entrevue sous une forme rudimentaire par Hauy ; conception qui nous apprend à considérer un cristal comme formé de particules identiques, régulièrement distribuées sur les sommets d'un assemblage de parallélépipèdes égaux et contigus.

On remarquera que cette conséquence n'est pas déduite de l'interprétation plus ou moins arbitraire de chiffres fournis par des mesures expérimentales. De tels chiffres présentent toujours un peu d'incertitude, et l'on est quelquefois tenté de reprocher, à ceux qui les interprètent, trop de complaisance à négliger les écarts que les mesures laissent subsister. C'est précisément à ce genre de critique que M. Duhem a soumis la grande loi des proportions définies, base de toute la chimie ; et à cette occasion il n'a pas manqué de faire observer que le même soupçon pourrait atteindre la loi des *troncatures rationnelles*, loi expérimentale découverte par Hauy, et sur laquelle cet illustre savant a basé toute sa théorie cristallographique, reconnue identique au fond avec celle de Bravais.

Cette loi est déduite, on le sait, de mesures

goniométriques, toujours imparfaites, soit parce que les faces cristallines ne sont pas absolument nettes, soit parce que l'instrument ne permet pas à l'observateur de dépasser un certain degré d'exactitude ; de telle sorte que, mettant les écarts sur le compte des erreurs d'observation, on peut toujours être soupçonné d'apporter quelque bonne volonté pour faire cadrer exactement les rapports de longueurs, donnés par un calcul de logarithmes, avec la règle des troncatures rationnelles.

En réalité, cette règle ne fournit qu'une expression spéciale, et non immédiate, de l'ordonnance des particules dans les cristaux. Mais la même ordonnance éclate avec une évidence beaucoup plus directe et plus convaincante, lorsque au lieu de s'attacher exclusivement aux formes extérieures, on a recours, comme nous l'avons fait, aux enseignements que procure l'examen des diverses propriétés physiques. C'est alors qu'on voit resplendir la parfaite identité qui préside à la distribution de ces propriétés suivant les directions ; que cette preuve soit fournie par l'étude de la résistance à la rayure, ou par le contour régulier que dessine, en fondant, une couche de cire étalée sur une face d'un cristal, ou mieux encore par la figure d'interférence indépendante du point observé, que fait naître l'interposition d'une lame cristalline sous le microscope polarisant. A la vérité, on serait encore libre de soutenir qu'un appareil d'une plus grande puissance révélerait peut-être des inégalités de détail dans ces figures qui nous semblent si régulières. Mais ce serait à nos yeux un genre de chicane dans lequel nous nous refusons délibérément à entrer.

Quand les physiciens nous apprennent que deux cordes étant données, dont l'une a une longueur double de celle de l'autre, celle-ci exécute en un temps déterminé deux fois plus de vibrations que la première, admettrons-nous qu'au nom de la philosophie pure, on se croie le droit de révoquer en doute la justesse de ce résultat? Ecouterons-nous quelqu'un si, arguant de l'inévitable incertitude des mesures, il vient à prétendre qu'on peut tout aussi légitimement croire que les deux nombres de vibrations sont entre eux comme 999 est à 2000 ou 2001? Le lui concéder ce serait admettre du même coup que la recherche des lois de la nature est une pure illusion, et que l'ordre n'existe pas dans le monde créé, sinon par une fiction de notre esprit, que le besoin d'idéal nous fait prendre pour une réalité. Ce n'est pas, pensons-nous, chez les lecteurs de la *Revue de Philosophie* qu'une thèse de ce genre pourrait trouver des défenseurs.

C'est pourquoi nous n'hésiterons pas à conclure qu'à moins de vouloir tenir en suspicion la légitimité de toutes nos connaissances d'observation, quelles qu'elles soient, le fait de l'ordonnance des éléments, dans les cristaux homogènes, constitue une loi physique, qui éclate avec la même évidence et s'impose à nous avec la même force que la croyance à la régularité du mouvement des corps célestes. Elle doit être tenue pour vraie, de la même vérité, non sans doute *absolue*, en ce sens qu'il n'y a rien d'absolu pour des êtres contingents comme nous, mais aussi réelle que peut l'être, à nos propres yeux, l'existence de chacun de nous; et cela doit suffire à quiconque ne tient pas à se ranger dans la catégorie des abstracteurs de quintessence.

La répartition régulière des particules dans les cristaux une fois admise, une question se pose de suite. Quelle peut être la nature de ces particules, toutes identiques et semblablement orientées? Pour y répondre, il convient de remarquer qu'en raison de leur nature géométrique spéciale, les assemblages de parallélépipèdes forment une série qui comprend sept variétés bien distinctes. Or, une substance donnée, en cristallisant, adopte toujours un genre déterminé de symétrie, auquel elle demeure invariablement fidèle. Pourquoi cette préférence? Une seule raison paraît logiquement admissible : c'est parce que la constitution de la particule elle-même implique des conditions spéciales de symétrie, qui trouvent leur satisfaction dans tel système réticulaire plutôt que dans tel autre. Donc la particule a une *forme* : c'est un *polyèdre*, au sens géométrique du mot. Ce polyèdre s'encadre dans le système réticulaire qui convient à son espèce, et où il prend l'orientation la plus convenable pour son équilibre.

Il est bien vrai qu'en admettant la possibilité de plusieurs orientations distinctes pour les particules cristallisées d'un même corps, on parvient aussi à fournir une justification *géométrique* de l'adoption d'un système donné de symétrie ; mais on ne l'explique pas *rationnellement* ; car le choix fait par une substance, supposée de forme indifférente, entre tel ou tel degré de complication structurale, demeure un effet sans cause, un pur caprice, qui peut même paraître contradictoire avec l'idée de stabilité mécanique ; et cela seul doit suffire pour qu'une telle explication doive être réputée infiniment au-dessous de l'autre.

Cela posé, puisque la chimie nous invite, par ses lois fondamentales, à réduire tous les corps en molécules de poids invariable, il paraît naturel, dans un premier aperçu, de considérer le polyèdre élémentaire des cristaux comme identique avec la molécule des chimistes. Les sommets du polyèdre seraient les atomes simples, groupés autour du centre de gravité commun ; et des particularités de ce groupement, variables d'un corps à un autre, résulteraient toutes les différences que peuvent présenter les cristaux.

C'est ce qu'avait pensé Bravais ; et longtemps on a cru pouvoir se contenter de cette notion simple, que l'état cristallin d'une substance différait de ses autres états seulement par l'identité d'orientation des molécules, et par l'ordonnance régulière de leurs centres de gravité sur les nœuds d'un assemblage réticulaire.

Ce n'était, à vrai dire, qu'une première approximation. L'expérience a fini par mettre en défaut cette notion trop rudimentaire. Fallait-il donc abandonner comme trompeuse toute considération de ce genre, et prononcer la condamnation définitive de l'hypothèse moléculaire qui l'avait inspirée? Quelques-uns peut-être l'auraient conseillé. Mieux avisés, à notre sens, d'autres, et en particulier M. Wallerant, ont pensé qu'il devait suffire de modifier la forme de l'hypothèse, en y introduisant des éléments nouveaux, dont l'expérience elle-même suggérait la nécessité.

Un cristal ne saurait être réduit, par la pensée, à la molécule élémentaire du corps chimique. De l'état gazeux parfait à l'état cristallin, des étapes successives s'imposent, dont chacune doit vraisemblablement amener un degré supérieur de condensation. C'est donc un assemblage déjà très complexe de parties, qui peut se trouver constitué au moment où le corps prend la forme de cristal; et c'est justement sur cet assemblage seul que portent nos expériences, impuissantes à atteindre quoi que ce soit de comparable aux intervalles intermoléculaires, tels qu'on peut s'en faire une idée. C'est donc seulement à ces groupements de molécules que doit s'appliquer légitimement la notion d'orientation identique.

D'autre part, l'expérience nous révèle, dans les cristaux, l'existence nécessaire de deux sortes d'éléments : les uns superposables, mais différents par leur orientation, et capables de se substituer les uns aux autres en tournant autour des axes de symétrie; les seconds, *inverses,* c'est-à-dire se comportant à l'égard des premiers comme la main droite vis-à-vis de la main gauche, et correspondant à ceux-ci de part et d'autre, des plans de symétrie. Dès lors, oute bonne conception de la nature intime des cristaux doit faire la part de cette dualité.

C'est à cette condition que satisfait la *parti-ule complexe* de M. Wallerant, agrégat de *par-icules fondamentales*, les unes directes et d'o-ientations différentes, les autres *inverses*, outes groupées autour d'éléments qui devien-ient les axes et les plans de symétrie de l'en-emble. C'est à cet ensemble, édifice déjà très ompliqué, dans la constitution duquel il entre raisemblablement un très grand nombre de nolécules chimiques, que s'appliqueront les otions, révélées par l'expérience, de l'orienta-ion identique des particules et de la distribu-ion réticulaire de leurs centres de gravité; omme aussi c'est dans le sein de la particule omplexe, et non dans l'édifice engendré par on association avec d'autres semblables, que trouvera constitué le caractère optique du rps.

Est-ce une illusion, causée par une propen-on trop marquée de celui qui écrit ces lignes goûter avec prédilection tout ce qui intro-uit de l'ordre et de l'harmonie dans les phé-omènes? Toujours est-il que rien ne paraît lus instructif, ni plus encourageant en même mps, que cette évolution qui, des particules intégrantes d'Haüy, en passant par les polyèdres moléculaires de Bravais, a conduit les cristallographes à la notion des particules complexes. Et quand, pénétrant dans le détail de cette conception, on voit l'idée de symétrie-limite, introduite avec éclat par Mallard, devenir, entre les mains de M. Wallerant, la source féconde d'où jailliront, non seulement l'explication de tous les groupements de cristaux, mais la justification même de la formation des particules complexes, cette impression devient plus saisissante encore.

C'est pourquoi, sans nous refuser à admettre qu'un jour l'hypothèse doive subir à son tour quelques modifications, pour se mettre pleinement d'accord avec de nouveaux faits, nous ne pouvons nous empêcher de saluer avec joie cette conception, petite-fille très légitime de l'hypothèse atomique, et qui déjà suffit à éclairer tant d'obscurités. Elle nous apparaît comme une nouvelle et victorieuse étape, dans ce processus d'approximations successives, qui nous conduit, non à renverser les uns après les autres des symboles plus ou moins vains, mais à perfectionner sans cesse un mode de représentation de moins en moins éloigné de la réalité objective. Aussi nous semble-t-il bien que la même méthode, appliquée dans d'autres domaines que celui de la cristallographie pure, aurait raison, d'une manière analogue, des difficultés soulevées par M. Duhem au cours de sa critique.

C'est ainsi, sans doute, que la question des

atomicités multiples devrait trouver sa solution dans une façon plus compliquée de construire les solides de la stéréochimie. Cette représentation dans l'espace des molécules était à coup sûr un progrès notable, relativement aux polygones plans suivant lesquels on opérait auparavant le groupement des atomes chimiques : répartition qui, elle-même, était fort en progrès sur l'ancienne notation atomique linéaire. Qu'elle ne soit pas encore le dernier mot de la science, c'est tout naturel ; mais plutôt que de l'abandonner comme foncièrement entachée d'erreur, ne vaut-il pas mieux s'appliquer à l'exprimer sous une forme qui la mette d'accord avec les faits sans renier son principe ?

De la même façon, en présence d'une doctrine aussi bien assise que celle de la théorie cinétique des gaz, n'est-ce pas un procédé bien sommaire de vouloir la disqualifier d'un seul coup, sous le prétexte qu'une de ses branches, la doctrine des équilibres mobiles, se trouverait contredite par une expérience sur la dissociation du carbonate calcique? Expérience d'ailleurs fort délicate, et dont tout le monde n'interprète pas le résultat comme M. Duhem.

En tout cas, et dussions-nous attendre quelque temps encore avant que ces apparentes contradictions fussent levées par une heureuse modification des théories existantes, rien n'empêche logiquement d'en entrevoir la réalisation ; et c'est, à notre sens, faire œuvre utile d'en accréditer l'espérance, plutôt que de saisir la première difficulté venue pour saper, d'un vigoureux coup de hache, un édifice dont les éléments n'ont vraisemblablement besoin que d'être dégrossis.

Nous serions bien tentés d'aller plus loin et de rappeler ce qu'on pourrait nommer les principaux triomphes de l'hypothèse atomique, c'est-à-dire les résultats, souvent inattendus, qu'elle a permis de prévoir, et que l'observation a ultérieurement vérifiés. Mais c'est précisément la tâche qui a été accomplie par MM. Perrin et Rücker. Nous ne pourrions ici que répéter ce qu'ils ont dit ; et d'ailleurs les philosophes (souvenons-nous que nous écrivons ici dans une *Revue de Philosophie*) garderaient le droit de prétendre que toutes ces conceptions n'ont pas, intrinsèquement, la valeur démonstrative qu'il nous plaît de leur attribuer.

Il est certain, en effet, qu'aucune d'entre elles ne peut encore s'imposer comme fournissant la seule explication logique des phénomènes. La force que nous leur reconnaissons vient donc surtout de ce que j'appellerai leur *convergence*, c'est-à-dire de l'appui, peut-être insuffisant pour chacune, mais bie.. remarquable par son ensemble, qu'elles fournissent à une hypothèse commune. Seulement c'est affaire d'impression, plutôt encore que d'appréciation ; cela dépend des tournures d'esprit, et c'est un argument qui perd sa valeur en présence d'une critique rigoureuse, destinée à ne s'incliner que devant une démonstration complète.

Pour le même motif, nous ne ferons que signaler en passant ce qui nous apparaît comme un grave défaut des notions que M. Duhem veut substituer aux idées courantes, à savoir le vague déconcertant de l'expression sous laquelle on est conduit à les formuler.

C'est une des caractéristiques (et selon moi des meilleures) de l'esprit français, que le besoin d'idées nettes qui le distingue et lui fait toujours souhaiter de voir les conceptions scientifiques revêtir des contours bien déterminés. Il n'ignore pas que l'exacte définition de ces contours comporte mille détails, qu'une longue expérience pourra seule fixer; mais, sans attendre ce complément, il a soif de contempler les grandes lignes de l'édifice et salue avec gratitude ceux qui les lui font entrevoir avec une suffisante netteté.

Eprouvera-t-il cette impression quand, à la notion si claire des atomes, qui s'assemblent, se dissocient et se meuvent de telle sorte, que de la complication plus ou moins grande des groupements et des mouvements, on puisse espérer de faire sortir l'explication de tous les phénomènes, on lui commandera de substituer la conception d'*éléments* ou de *mixtes*, pourvus de *qualités* qui échappent à toute définition rigoureuse?

Je sais bien qu'à cette question beaucoup répondront que les besoins de leur esprit sont tout autres; que la netteté à laquelle nous aspirons n'est pour eux qu'une apparence trompeuse; et que, par respect pour la vérité, mieux vaut rester dans le vague que de dessiner des contours où l'on pourrait soupçonner que l'imagination ait sa part.

Ne soulevons donc point ce débat, et bornons-nous à l'effort que nous avons fait, en vue de démontrer que l'étude des cristaux fournit, en faveur de l'hypothèse moléculaire, un argument puissant. Si l'objet de la science est d'expliquer rationnellement le plus grand nombre possible de phénomènes, c'est un triomphe pour une théorie, quand elle peut donner la justification de tout un ensemble de faits, en vue desquels elle n'avait nullement été conçue. Si M. Duhem parvient à nous montrer que la conception des mixtes explique avec une égale facilité les propriétés de la matière cristallisée, nous nous inclinerons. Jusqu'à ce que ce résultat soit acquis, nous garderons nos sympathies pour la doctrine atomique. Même nous exprimerons le vœu de voir le savant professeur de Bordeaux employer son savoir exceptionnel et ses rares facultés de philosophe à rechercher par quels moyens la doctrine pourrait être perfectionnée, de manière à échapper aux reproches que sa pénétrante critique a cru pouvoir lui adresser. C'est notre intime conviction que la chose doit être possible, et que ce serait une bonne besogne à entreprendre plutôt que de déconsidérer dans son principe l'hypothèse moléculaire, au seul profit de notions que leur origine aristotélicienne ne suffit pas à rendre lumineuses pour notre esprit.

§ 4. — Les changements d'état de la matière (1)

L'objet de la présente note est d'appeler l'attention de l'Académie sur une question qui touche à la fois à la science et à la philosophie, celle du changement que les corps peuvent éprouver lorsqu'ils entrent en combinaison.

Les partisans de la notion aristotélicienne du *Mixte* insistent beaucoup sur l'unité substantielle du composé, laquelle exige que la substance des composants soit réellement détruite, de manière à ne plus exister qu'en puissance dans le Mixte, sauf à se régénérer par la corruption de celui-ci ; et plusieurs estiment que cette notion est incompatible avec l'hypothèse atomique, qui attribue la formation du composé à une juxtaposition d'atomes.

Il est aisé de voir que cette observation n'est pas fondée. En effet, on sait depuis longtemps que le dernier élément des corps, même simples, ne saurait être un atome unique. C'est une molécule, c'est-à-dire un polyèdre dont les sommets sont les atomes, et qui peut être assez complexe. La forme de ce polyèdre est la cause déterminante du système de symétrie que le corps adopte en cristallisant, et qui serait inexplicable en dehors de cette considération.

(1) Estratto dalle *Memorie della Pontificia Accademia Romana dei Nuovi Lincei*, vol. XIX, 1902.

Mais quand deux corps s'unissent pour former un composé défini, c'est une nouvelle molécule, c'est-à-dire un nouveau polyèdre, qui se constitue. Il n'y a nullement juxtaposition des deux molécules composantes ; chacune d'elles doit se détruire, pour que les atomes de toutes deux se groupent à nouveau autour d'un centre de gravité unique. Par suite de cette désagrégation des molécules individuelles, les composants se trouvent bien réellement détruits, et c'est un nouvel édifice, c'est-à-dire une nouvelle substance, qui se constitue. Mais les composants y existent en puissance, par leurs atomes, qui, une fois la combinaison détruite, reprendront leurs groupements primitifs.

On peut donc dire qu'il y a, non pas opposition, mais identité absolue entre les deux doctrines.

Il y a plus. La conception atomique, ainsi envisagée, rend très remarquablement compte de l'espèce de fusion qui s'opère de nos jours entre la physique et la chimie, en assimilant les changements d'état physique des corps à des transformations chimiques.

En effet, on sait qu'il y a des corps dont la densité, à l'état gazeux, croît quand la température s'abaisse. Ce fait ne peut s'expliquer que par une condensation moléculaire, qui fait qu'à basse température la molécule contient un plus grand nombre d'atomes. Il en est de même *a fortiori* quand le corps devient liquide. Les molécules ne se contentent pas de se rapprocher ; elles doivent encore se compliquer. Nous n'en voulons pour preuve que les expériences faites sur certains métaux en fusion, par exemple sur le fer qui, lorsque la température s'abaisse, manifeste à certains moments un dégagement subit de chaleur, attestant une condensation moléculaire.

Enfin, la complication doit atteindre son plus haut degré dans les solides, surtout avec l'état cristallin. Les derniers progrès de la cristallographie, notamment les travaux de M. F. Wallerant, ont montré que le dernier élément des cristaux, celui qui se répète, avec une orientation invariable, sur les nœuds d'un assemblage réticulaire, est fort loin de se réduire à une molécule. C'est ce que M. Wallerant a appelé une *particule complexe*, formée par le groupement, autour d'éléments de symétrie, de *particules fondamentales*, dont chacune est elle-même un agrégat de molécules chimiques.

Il suit de là que ce serait une grande erreur de croire qu'un cristal ne diffère du liquide dont il provient que par l'orientation et l'arrangement réticulaire de ses molécules. La cristallisation résulte d'une série d'étapes préparatoires, aboutissant à la formation de la particule complexe. Et celle-ci constitue un édifice assez notable pour que le caractère optique du corps y soit déjà défini. Ainsi, ce n'est pas parce que les particules d'un corps qui cristallise se groupent sur un réseau cubique que le corps est isotrope ; c'est parce que cette propriété est déjà réalisée dans la particule complexe, par suite du groupement de ses éléments autour de trois axes rectangulaires identiques.

Dans les cas de symétrie-limite, un réseau cubique peut être adopté par une particule de symétrie inférieure ; mais alors, le cristal est biréfringent. On appelait cela autrefois une *anomalie optique*. Cette anomalie n'existe pas ; car la biréfringence est une propriété de la particule élémentaire, qui la transporte dans tous les assemblages réticulaires dont il peut lui convenir de s'accommoder.

Il peut se faire d'ailleurs que la préparation de l'état cristallin se fasse, dans certains liquides, bien avant qu'ils aient cessé d'être fluides. On s'expliquerait, de cette façon, la polarisation rotatoire que présentent certaines dissolutions, ainsi que les propriétés des curieux *liquides cristallisés*, étudiés par MM. Lehmann et Reinitzer.

On voit par là combien le changement d'état des corps peut être plus compliqué qu'on ne l'avait admis jusqu'ici. C'était une notion beaucoup trop simple, d'imaginer que la *substance* d'un corps, quel que fût son état, pût être définie par une molécule unique ; de sorte que la différence entre les trois états du corps eût consisté simplement dans les relations de distance et l'état de mouvement de ses molécules ; celles-ci vibrant autour d'une position moyenne invariable dans les solides, tandis qu'elles roulent les unes sur les autres dans les liquides, et se meuvent indépendantes dans les gaz.

Si les vues que nous avons indiquées sont acceptées, un même corps changerait plusieurs fois de molécule en passant de l'état gazeux à l'état cristallin. Chacun de ces changements serait naturellement accompagné d'une manifestation calorifique. Déjà, pour beaucoup de corps, la chose a été vérifiée par l'expérience. Il serait intéressant d'entreprendre au calorimètre une série de déterminations en vue d'en établir la généralité.

D'après cela, il n'y aurait plus de différence *essentielle* entre les changements physiques des corps et les combinaisons, puisque les deux cas donneraient lieu à un nouveau groupement d'atomes. Seulement, dans les modifications physiques, les atomes demeureraient de même nature et probablement en même nombre relatif, tandis que, dans les combinaisons, il y a adjonction de nouvelles natures d'atomes.

Ces considérations semblent de nature à faire tomber l'antagonisme qu'on cherche parfois à établir entre les hypothèses atomiques et les doctrines énergétiques, comme celles qui président aux conceptions chimiques de M. Willard Gibbs.

II

Cristallographie

Cristallographie

§ 1. — La Cristallographie rationnelle (1)

Il est peu de sciences qui se présentent sous un aspect moins séduisant que la Cristallographie. Sans doute, l'étudiant à qui l'on montre, pour la première fois, une collection bien rangée de minéraux choisis, doit se sentir attiré par l'éclat de couleurs et la variété de formes des cristaux; mais quelle déception l'attend, lorsque, dès le début de son initiation, il lui faut acquérir l'usage d'une langue, d'une écriture et d'une nomenclature nouvelles, hérissées de signes cabalistiques et de formules qui ont toute la rigidité de la géométrie sans en avoir la rigueur logique !

Encore si l'on pouvait, par quelques manipulations préliminaires, le familiariser peu à peu avec la matière à étudier et la lui faire aimer, en souvenir de satisfactions goûtées pendant cette première étape, avant que l'ennui des formules ait pu le décourager ! Mais hélas ! il ne peut y avoir de récolte des minéraux comme il y a une récolte des fossiles ; point de ces courses agréables par lesquelles se fait

(1) Extrait de la *Revue des Questions scientifiques*, juillet 1883.

peu à peu l'apprentissage des conchyliologistes ou celui des paléontologistes. La recherche des cristaux est l'exclusif apanage des mineurs ou de quelques hardis montagnards, et tandis que plus d'une vocation de naturaliste s'est décidée de bonne heure et d'elle-même, sous l'heureuse influence d'une plage riche en coquilles marines ou grâce au voisinage de gisements fossilifères pareils à ceux du bassin de Paris, la cristallographie n'a point à compter sur ce précieux concours du dehors. Il faut l'aborder de front, par ses côtés les plus escarpés, sans que le grand air ni le paysage puissent l'aider de leur complicité.

Au moins faudrait-il, dans ces conditions, que tout fût tenté pour atténuer l'aridité de l'initiation. Bien au contraire, il semble qu'on ait, comme à plaisir, accumulé les obstacles sur la route des débutants. Tout d'abord, et principalement sous l'influence de l'école scientifique allemande, on a écarté comme vaines les spéculations théoriques et, prétendant étudier la Cristallographie *en elle-même et pour elle-même*, on en a, pendant de longues années, systématiquement retranché toute recherche des causes physiques de la cristallisation, toute ébauche d'une théorie propre à rendre compte d'un phénomène aussi caractéristique.

Quant à la langue, s'il est vrai que la création de nouveaux noms s'imposait comme une nécessité, il faut reconnaître que, dans le choix des termes, on a montré peu de souci des oreilles délicates et qu'il est peu encourageant, pour un commençant, d'avoir à se servir de mots tels que ceux de brachyadiagonale, de quartopyramide, d'hémiorthodôme et de macropinacoïde. Mais l'écriture prête bien davantage à confusion. Partout où prévaut l'autorité du grand nom de Naumann, on a rendu classique un mode de notation où les chiffres, fréquemment associés au signe algébrique de l'infini, sont employés concurremment avec des lettres, tantôt barrées obliquement de droite à gauche ou de gauche à droite, tantôt agrémentées d'accents, de signes de prosodie, ou de préfixes d'addition et de soustraction. Il en résulte une écriture intraduisible dans le langage ordinaire, en même temps que compliquée à l'excès. Ailleurs règne la notation de Miller, irréprochable au point de vue géométrique, mais ne parlant pas aux yeux et laissant toujours à l'esprit un effort à faire pour reconnaître ce que signifient les trois signes associés. Enfin, en France, on se sert surtout de la notation de Lévy, inspirée de celle d'Haüy, notation éminemment pratique et figurative, mais dont l'usage courant ne s'acquiert pas du premier coup.

Une autre cause se joint à celles que nous venons d'énumérer pour restreindre encore, au moins en France, le nombre des adeptes de la Cristallographie. La connaissance des minéraux et, partant, celle des cristaux, sont indispensables à l'étude de la Géologie. Cependant, par une singulière contradiction, l'enseignement officiel a classé la Géologie parmi les sciences naturelles, à côté de la Botanique et de la Zoologie, en formulant, pour la licence, un programme qui ne contient quoi que ce soit ayant trait à la Minéralogie. Au contraire, cette dernière science a été groupée avec la Physique et la Chimie. Il en résulte qu'elle s'impose, à titre de nécessité d'examen, à des personnes qui, le plus souvent, n'en doivent faire dans la suite aucun usage, de sorte qu'elles se bornent à en acquérir ce qui est strictement obligatoire pour la conquête d'un grade. Pendant ce temps, les futurs géologues s'accoutument à n'envisager, dans la Géologie, que la stratigraphie proprement dite et l'étude des fossiles, laissant à de très rares spécialistes le soin et l'étude des roches.

De là vient qu'à l'exception de l'Ecole des mines, où les besoins de la carrière d'ingénieur imposent une étude facilitée d'ailleurs par la préparation mathématique que les élèves ont subie, la Cristallographie n'est, nulle part, sérieusement cultivée en France.

Pourtant, s'il est un pays où il semblerait que la science des cristaux dût être en honneur, n'est-ce pas celui qui a vu naître Romé de l'Isle, Hauy et Bravais ? Romé de l'Isle qui, dès 1783, posait le principe de l'invariabilité des angles, cette pierre angulaire de l'édifice cristallographique ; Hauy, de qui l'esprit lumineux et sagace découvrait, au commencement de ce siècle, la loi de symétrie et celle de la dérivation des formes cristallines ; Bravais, enfin, génie comparable à Fresnel, à qui il était réservé de faire, de la doctrine cristallographique, le monument le plus complet et le plus harmonieux que les sciences physiques aient encore édifié !

Comment donc se fait-il qu'un tel héritage ait été à ce point délaissé, en France, qu'à part quelques hautes personnalités scientifiques, la Cristallographie ait pu sembler, pendant de longues années, l'apanage à peu près exclusif de la science allemande ? Cela tient à la manière dont l'œuvre de Bravais a été produite en public. Géomètre dans l'âme et peu soucieux de se rendre populaire, l'auteur des admirables *Etudes cristallographiques*, avait publié son œuvre, en 1849, dans le *Journal de l'Ecole polytechnique*, avec tout un appareil de géométrie analytique de théorèmes, de lemmes et de corollaires, qui lui donnait l'aspect d'un travail de science transcendante. Chacun proclamait la haute valeur du Mémoire ; mais on se tenait à distance, avec une sorte de crainte respectueuse, comme si quelques rares initiés eussent été seuls en mesure de le bien comprendre. Même le retentissement des *Etudes* eût été moindre encore si Elie de Beaumont n'avait cru y trouver, pour sa théorie du réseau pentagonal, un appui qu'il ne négligea pas de faire ressortir.

De cette manière, habitués à entendre dire, non sans raison du reste, que les conceptions théoriques d'Haüy avaient fait leur temps ; privés d'ailleurs de toute doctrine capable de s'y substituer, les Français, avec leur esprit logique, se sentaient déroutés par ce que nous appellerons volontiers le sentimentalisme de la Cristallographie d'outre-Rhin. Une science qui bornait son ambition à coordonner des faits, sans aucun souci de leur interprétation, leur faisait l'effet d'une doctrine *en l'air*, répugnant aux tendances scientifiques d'un pays où le désir de tout expliquer est plutôt poussé à l'excès. De là, avec les autres causes secondaires que nous avons énumérées, l'espèce de discrédit où, jusque dans ces dernières années, les études cristallographiques semblaient tombées en France, sinon dans les hautes sphères de l'enseignement, où le *Manuel* de M. des Cloizeaux eût éloquemment protesté contre toute accusation d'oubli, du moins parmi la masse des étudiants et des travailleurs.

Cet état de choses s'est heureusement modifié depuis quelques années. D'une part, les immenses progrès que l'application du microscope polarisant a fait faire à l'étude des roches ont ramené l'attention sur les problèmes de la Cristallographie. MM. Fouqué et Michel-Lévy se sont adonnés avec éclat à cette branche d'études, déjà illustrée par Sorby et la nombreuse pléiade des pétrographes allemands, tandis que, par les travaux de MM. de la Vallée-Poussin et du R. P. Renard, la Belgique montrait qu'elle n'entendait pas demeurer en arrière. D'autre part, l'enseignement de l'Ecole des mines de Paris a subi, depuis que la chaire de Minéralogie a été confiée à M. Mallard, une transformation des plus fécondes. Ce savant s'est proposé de montrer que l'œuvre de Bravais était accessible à tous, qu'elle ne demandait, pour être comprise, que la connaissance des principes les plus élémentaires de la géométrie, et qu'ainsi la Cristallographie pouvait prétendre à être enseignée comme une science rationnelle au même titre que la Mécanique. Déjà, en 1867, cette démonstration avait été essayée, non sans succès, par M. le professeur F. Sohncke, dans un travail inséré aux *Annales de Poggendorff*. Mais l'exposition de M. Mallard, telle qu'elle a été présentée dans le *Traité de Cristallographie* de ce savant, est à la fois plus complète et plus rigoureuse. Il était d'ailleurs réservé à M. Mallard d'apporter à la doctrine de Bravais des compléments d'une haute importance, en rattachant au principe des réseaux les phénomènes, parfois si compliqués, que présente la structure de certains cristaux. De cette manière, les anomalies de la cristallisation venaient s'encadrer dans les lois générales posées par Bravais, à peu près comme les perturbations des planètes s'étaient pliées à la loi de l'attraction universelle, après avoir paru, pendant quelque temps, de nature à faire échec au principe newtonien.

Le légitime succès obtenu par la tentative de M. Mallard a donné, en France, une nouvelle impulsion à l'étude de la Cristallographie. A l'Institut catholique de Paris comme à celui de Lille, la méthode rationnelle, appropriée aux besoins des candidats à la licence, a pris place dans l'enseignement. Sans doute, tous n'abordent pas avec la même ardeur une étude qui cause encore quelques appréhensions en raison même de sa nouveauté. Mais déjà plus d'un esprit a vivement ressenti la satisfaction de pouvoir déduire, par voie rigoureusement logique, tous les faits cristallographiques d'un principe unique, sans jamais cesser de suivre pas à pas la nature, sans imaginer, sur la constitution de la matière, d'autres hypothèses que celles qui sont, en quelque sorte, imposées par l'ensemble des données physiques et chimiques aujourd'hui acquises.

Il nous a donc semblé qu'il ne serait pas sans intérêt d'appeler, sur ce sujet, l'attention des lecteurs de la *Revue*. Nous n'avons pas la prétention de rendre la Cristallographie populaire. Sans parler des anciens préjugés, dont le temps seul triomphera, il serait puéril de dissimuler qu'il s'agit là d'une étude très spéciale, par ses procédés comme par son objet, et qu'il ne sera jamais possible d'aborder que d'une manière superficielle. Mais à ceux qui sont curieux des belles théories physiques, nous voudrions montrer que la doctrine de Bravais, telle qu'elle a été complétée par M. Mallard, offre un ensemble admirable par sa simplicité, son homogénéité et sa rigueur ; qu'elle permet, plus que toute autre, de pénétrer dans les secrets les plus intimes de la matière et que même elle est propre à ouvrir au philosophe des aperçus que la métaphysique aurait tort de négliger. Si nous réussissons dans cette démonstration, il nous sera permis de dire qu'autant la science allemande a bien mérité de la Cristallographie, par la sagacité avec laquelle Weiss, Naumann et d'autres ont analysé les détails du problème des cristaux, autant la science française, par la grandeur et la simplicité de ses déductions théoriques, s'est montrée digne de continuer les traditions inaugurées par ces grands physiciens qui avaient nom Fresnel, Ampère et Hauy.

De même que toute la mécanique rationnelle est fondée sur les principes expérimentaux de l'inertie et de la composition des mouvements, de même l'édifice doctrinal de la Cristallographie a pour base un principe dans lequel se résume tout ce que l'expérience a pu nous apprendre relativement à la matière cristallisée. Ce principe est le suivant :

« Dans un milieu cristallin homogène, les propriétés physiques, variables en général avec les directions suivies, sont identiques pour toutes les directions parallèles, quel qu'en soit le point de départ ».

Développons cette proposition. Si l'on considère un groupe de cristaux de roche, tels que ceux qui constituent les belles géodes de l'Oisans, on est frappé, au premier abord, de l'irrégularité de leurs formes extérieures. Les uns sont des prismes hexagonaux à peu près parfaits, coiffés par une pyramide dont les six faces ont le même développement ; les autres sont aplatis dans un certain sens et trois des faces de la pyramide prédominent au point d'atrophier les trois autres. Dans quelques-uns, une seule des faces pyramidales a pris un tel développement qu'elle termine le cristal par une sorte de biseau, ne laissant plus apparaître les faces restantes qu'à l'état de minimes troncatures.

Cependant, détachons ces cristaux de la géode sur les parois de laquelle ils sont implantés; nous reconnaîtrons bientôt que tous peuvent être orientés de telle façon, qu'une face donnée de l'un d'eux ait sûrement sa parallèle sur tous les autres. Cette face parallèle sera rudimentaire ou amplement développée; peu importe : on la retrouvera toujours sans peine. De plus, si, sur un cristal, la face en question présente dans son éclat, sa dureté, son aspect extérieur, des particularités déterminées, ces particularités se retrouveront, en général, identiquement sur toutes les faces parallèles.

Or, ces cristaux de dimensions diverses, nés dans les mêmes conditions, peuvent être considérés comme des manières d'être multiples d'un milieu cristallin déterminé. On déduit donc de ce qui vient d'être dit que, dans un cristal, la position absolue des faces ne signifie rien; leur direction seule importe; cette direction peut naître à une distance quelconque des autres faces existantes et, de cette manière, la forme du polyèdre peut varier à l'infini, sans que jamais les faces homologues des divers cristaux cessent de faire les mêmes angles avec celles qui leur sont conjuguées. Et puisque toutes les faces parallèles jouissent des mêmes propriétés, on a le droit de penser que l'état cristallin comporte l'identité de distribution des propriétés physiques suivant des directions planes, qui sont celles des faces, en quelque point du milieu que ces faces se produisent.

Ce point obtenu, considérons un cristal de spath d'Islande, ce carbonate de chaux limpide à travers lequel la double réfraction se manifeste d'une manière si remarquable. Le choc d'un marteau le divise en fragments toujours exactement limités par trois couples de faces planes parallèles, qui sont ce qu'on appelle ses directions de *clivage*, et dont l'ensemble produit la forme rhomboédrique des cristaux du spath. Or, quel que soit le point qu'on attaque avec le marteau, toujours les trois clivages s'y produisent ensemble avec la même facilité. Tous trois ont le même éclat, le même aspect, la même dureté, ce qui autorise à dire que, au moins suivant toutes les directions planes parallèles aux trois clivages, le spath possède identiquement les mêmes propriétés physiques.

Enfin, prenons un cristal homogène quelconque et, sur une face plane, répandons une légère couche de cire. Amenons ensuite au contact de la face une pointe métallique chaude et observons les progrès de la fusion de la cire. En vertu de la conductibilité propre au cristal, la chaleur se propage à droite et à gauche autour du point chauffé. En général, cette propagation ne se fait pas dans tous les sens avec la même vitesse ; elle atteint certains points plus rapidement que d'autres. Aussi, à chaque instant, la portion fondue est-elle limitée par une courbe elliptique, dont la pointe chaude occupe le centre.

Mais, quelle que soit la région de la face sur laquelle on applique la pointe, l'ellipse conserve rigoureusement la même forme et, pour une même température et une même durée de propagation, les mêmes dimensions. Si l'on change la face étudiée, la forme de l'ellipse change ; mais les directions parallèles se comportent toujours de la même façon, si bien qu'on peut affirmer que, dans un cristal, la conductibilité est la même pour toutes les directions parallèles.

Il en serait de même de la dureté, de l'élasticité, du rayonnement de la lumière. Dès lors, tandis que, dans un corps amorphe, toutes les directions se montrent équivalentes à ces divers points de vue, on peut dire que la caractéristique des corps cristallisés est que « les propriétés physiques y sont ordonnées suivant les directions, demeurant d'ailleurs identiques pour toutes les directions parallèles ».

De cette manière, le choix du point à partir duquel on étudie la distribution des propriétés physiques dans un cristal est absolument indifférent, ce qui permet de substituer, à la définition qui vient d'être donnée, l'énoncé suivant : « Dans un cristal, il existe une infinité de points autour desquels la distribution des propriétés physiques est la même ».

Mais de quoi peut dépendre, dans un corps, la répartition des propriétés physiques? Évidemment, ce ne peut être que la distribution même des particules matérielles. On conçoit sans peine que, plus les particules seront serrées suivant une direction, plus la cohésion y devra être forte, mieux la chaleur s'y propagera. Ce n'est donc pas faire une hypothèse, c'est appliquer à l'observation la logique la plus rigoureuse, que de transformer comme il suit l'énoncé de la loi expérimentale :

« Dans un corps cristallisé, il existe une infinité de points autour desquels la distribution de la matière est ordonnée de la même façon suivant les directions ».

Tel est le principe duquel toute la Cristallographie rationnelle devra être déduite. Qu'on le remarque bien, il ne renferme aucune hypothèse relativement à la matière. Il se borne à traduire, en les condensant, une foule de résultats d'expérience ; il est absolument vrai, au moins dans les limites de précision que, jusqu'ici, l'observation a pu atteindre.

De ce principe, la sagacité de Delafosse a su tirer, il y a longtemps déjà, une conséquence de la plus haute importance ; c'est la notion de la disposition *réticulaire* des milieux cristallisés. On peut s'en faire une idée très nette, même sans le secours d'une figure. Appelons points *homologues* ces points dont l'existence, en nombre infini, caractérise les cristaux. Admettons simplement qu'ils ne soient pas contigus, postulatum imposé, on peut le dire, par tout ce que nous savons de la matière, dont l'essence est d'être discontinue. Soit A l'un des homologues et B celui de tous qui en est le plus voisin. Joignons A et B par une ligne droite. Puisque la matière est disposée, relativement à B, comme elle l'est relativement à A, il faut qu'il y ait, sur le prolongement de AB, un point C situé, à droite de B, comme B est situé à droite de A, et ainsi de suite. Donc, la ligne AB est le lieu d'une infinité de points homologues équidistants, séparés les uns des autres par la distance constante AB. Cela posé, soit A_1 celui des monologues, non situés sur AB, qui est le plus voisin de A ; il faut que, par A_1, il passe une ligne A_1B_1 semblable à AB. Or, en joignant les points A et A_1, B et B_1, etc., deux à deux, on obtient de nouvelles lignes qui, en vertu du principe fondamental, doivent être les lieux de points homologues, séparés les uns des autres par la distance AA_1. Et, de cette manière, le plan qui contient les trois points A, B, A_1, renferme une infinité de points homologues formant, par leurs jonctions mutuelles, un *réseau à mailles de parallélogrammes*. Par chacun des homologues, non situés dans ce plan, il doit passer un plan de même nature et les points ou *nœuds* de tous ces plans, joints par des lignes droites d'un plan à l'autre, divisent l'espace en parallélépipèdes égaux et régulièrement juxtaposés, dont chaque sommet représente un homologue.

Donc, on peut dire que le fait primordial de

a cristallisation est l'obligation, imposée aux articules matérielles identiques, de se distribuer sur les nœuds d'un assemblage de parallélépipèdes. La forme la plus symétrique que ces parallélépipèdes puissent avoir est celle de cubes. Supposons donc une infinité de cubes égaux, régulièrement juxtaposés de manière à former une *strate* d'épaisseur uniforme ; empilons un nombre quelconque de strates semblables, de telle sorte que les bases des cubes se correspondent exactement ; à la condition de remplacer, par la pensée, les sommets des cubes par des particules matérielles de même nature, nous aurons la fidèle représentation d'un corps cristallisé dans le système qu'on appelle cubique.

Or, il n'est pas besoin d'être très versé dans la connaissance géométrique des assemblages de parallélépipèdes pour comprendre que les nœuds y peuvent être distribués sur une infinité de lignes droites et sur une infinité de plans, de directions différentes. En effet, considérons, pour plus de simplicité, l'un des réseaux plans, dans lesquels nous avons admis que les bases des parallélépipèdes étaient contenues. Dans ce plan, ce ne sont pas les côtés des parallélogrammes qui ont une réalité objective : ce sont seulement les sommets ou nœuds ; mais ces sommets peuvent être joints deux à deux d'une infinité de manières, et toute ligne menée par deux nœuds quelconques est sûrement une *file de nœuds* équidistants. Deux lignes semblables, arbitrairement choisies, suffisent pour définir un parallélogramme, ayant la même surface que celui qui a servi de point de départ ; car, dans une portion donnée du réseau plan, il y a toujours, quoi qu'on fasse, un nombre de mailles égal au nombre des sommets, lequel est invariable.

De même, si l'on embrasse tout l'espace, on reconnaît que la division en parallélépipèdes est tout aussi arbitraire que celle d'un plan en parallélogrammes. Mais, d'une part, tout plan mené par trois nœuds en contient nécessairement une infinité d'autres et, de plus, le volume des *noyaux* parallélépipédiques est constant pour un assemblage donné.

On peut tirer de là plusieurs conclusions importantes. En premier lieu, c'est seulement suivant des lignes droites et suivant des plans qu'il y a identité de distribution de la matière, les particules étant équidistantes sur les files de nœuds et alignées en quinconce sur les réseaux plans. Telle est la raison pour laquelle les faces cristallines sont planes et limitées par des arêtes rectilignes. Chacune de ces faces, en effet, doit être regardée comme contenant toutes les particules pour lesquelles, à un moment donné, les conditions de la cristallisation sont les mêmes, ce qui suppose l'identité de leurs relations mutuelles.

Enfin, nous savons que toutes les files parallèles sont caractérisées par la même équidistance, tandis que les plans réticulaires de même direction comportent une distribution

dentique des particules. D'ailleurs, dans un
ssemblage, les distances réciproques des
œuds sont d'un ordre de petitesse qui les fait
chapper à toute mesure. De là vient, d'abord,
ue toutes les faces parallèles sont identiques,
nsuite qu'une face de direction donnée peut
e produire en un point quelconque du milieu
ristallin, conséquence tout à fait conforme,
omme cela devait être, à ce que l'observation
ous avait appris.

Enfin nous venons de dire que le noyau d'un
ssemblage, c'est-à-dire le volume de son pa-
allélépipède, était invariable pour un milieu
ristallin donné. Mais le volume d'un parallé-
pipède est égal au produit de sa base par sa
auteur. Donc, plus la base sera petite et plus
hauteur, c'est-à-dire la distance de deux
lans réticulaires consécutifs, devra être
rande. Ainsi, les réseaux les plus chargés de
œuds, ceux qui ont, comme on dit, la plus
rande *densité réticulaire*, sont justement,
armi tous les systèmes de plans que l'on peut
oncevoir dans l'assemblage, ceux dont les
stances mutuelles sont les plus grandes. Or,
lus un plan est chargé de particules maté-
elles et plus la force qui retient ces particules
nies, c'est-à-dire la cohésion, doit être grande.
u contraire, l'effort nécessaire pour séparer ces
ans les uns des autres devra être un mini-
um, puisque leur distance est un maximum.
ar là s'explique à merveille la propriété du
ivage. Un cristal se clive, c'est-à-dire se dise par le choc en surfaces planes, parce que

c'est suivant de telles surfaces que la cohésion atteint sa plus grande valeur, tandis que c'es pour séparer ces mêmes surfaces qu'il faut dé ployer le moins d'efforts.

Ajoutons que, pour qu'une face cristalline s produise, il faut que les particules matérielle aient quelque raison d'y demeurer unies. On peut donc conjoncturer, conformément aux enseignements de l'expérience, que, tout choses égales d'ailleurs, parmi les faces, en nombre infini, qu'un même assemblage géomé trique comporte, celles-là seulement se produi ront, qui offriront une densité réticulaire suf fisante.

Nous pourrions aller plus loin et montre comment le principe des réseaux renferme im plicitement, soit la loi expérimentale des *tron catures rationnelles*, sur laquelle Hauy avai fondé toute sa Cristallographie, soit la *loi de zones*, que les Allemands avaient cru devoi substituer, comme plus générale, au princip posé par le savant français. Mais l'effort qu des considérations aussi ardues imposeraien aux lecteurs de la *Revue* nous fait hésiter de vant cette tâche, qui demanderait le secours d quelques figures et même de quelques formule C'est pourquoi, renvoyant les esprits de bonn volonté au *Cours* dont nous venons de publie la première partie (1), nous nous bornerons dire un mot de la célèbre loi des zones. Réduit

(1) *Cours de minéralogie*, par A. de Lapparent, 1 vol. in-8 Paris, Savy, 77, boulevard Saint-Germain.

sa plus simple expression, cette loi peut se
rmuler ainsi : Quatre faces indépendantes
'est-à-dire non parallèles entre elles) suffisent
ur en déterminer, par leurs intersections
utuelles, une infinité d'autres, toutes coor-
nnées au même système cristallin. Or,
ansportons, par la pensée, trois de ces faces
même point de l'espace et faisons passer la
atrième, où nous voudrons, dans l'intérieur
trièdre ainsi formé. Nous obtiendrons ainsi
e pyramide à quatre faces triangulaires, dite
raèdre. L'une quelconque des quatre faces
angulaires peut être choisie pour former la
oitié d'un parallélogramme élémentaire, dé-
issant le réseau plan correspondant et, dès
rs, le parallélépipède à élever sur cette base
trouve entièrement défini par les autres
êtes. Donc la loi des zones ne fait, en réalité,
e proclamer la nécessité d'un *parallélépipède
nérateur*, lequel suffit absolument pour défi-
r un assemblage réticulaire.

En résumé, le principe des réseaux a bien
droit d'être considéré comme l'expression
acte de la structure cristalline, puisque nous
pouvons déduire logiquement, sans aucune
ception, toutes les particularités que l'ob-
rvation nous révèle, de même que nous y
uvons faire rentrer, non moins facilement,
ites les anciennes formules de la Cristallo-
aphie expérimentale.

Jusqu'ici nous n'avons fait aucune hypo-
èse sur la constitution de la matière. Accep-

tons maintenant la théorie atomique et supposons que chaque corps soit constitué par des molécules identiques, dont chacune est un petit polyèdre, ayant pour sommets les atomes simples. Nous pourrons en conclure, en premier lieu, que, dans l'acte de la cristallisation, les polyèdres moléculaires viennent se placer de telle sorte, que leurs centres de gravité (qui sont des points matériels homologues), occupent les nœuds ou sommets d'un certain assemblage de parallélépipèdes. Ensuite, continuant à appliquer, dans toute sa rigueur, le principe d'égale distribution de la matière, nous en déduirons sans peine que tous ces polyèdres moléculaires doivent prendre *la même orientation.* En effet, du centre de gravité de l'un d'eux, menons une ligne aboutissant à l'un des sommets. Une ligne semblable, de même direction et de même longueur, doit partir de tous les autres centres de gravité, et cela suffit pour assurer l'orientation identique des polyèdres. De cette façon, autant il y a de centres de gravité et de sommets, autant il y a de *catégories d'homologues*, chaque catégorie ayant son réseau, identique de forme avec les autres, dont il ne diffère que par la translation qu'il a subie sur la ligne joignant l'un des nœuds au centre de gravité. Ajoutons que, si cette notion s'impose par des considérations purement géométriques, elle n'est pas moins nécessaire au point de vue mécanique ; car si les polyèdres déjà disposés sur des files rectilignes, sont en outre orientés de la même façon, les actions ituelles, qui peuvent tendre à les faire urner autour de leurs centres de gravité, se ntrebalanceront certainement les unes les ıtres et la stabilité de l'édifice atteindra son aximum.

Ainsi nous avons acquis, par une simple terprétation logique du grand principe expé- nental posé au début, une représentation s expressive de la matière cristallisée. ndis qu'un corps amorphe peut être regardé mme un ensemble de molécules projetées le-mêle, de telle sorte que leurs orienta- ns soient aussi capricieuses que la valeur leurs distances mutuelles est variable, un istal est un corps où toutes les molécules, ientées de même, sont, de plus, régulière- ent disposées *en réseaux*, suivant des direc- ns de fils rectilignes dont chacune a son uidistance spéciale. On comprend donc sans ine que, dans un milieu amorphe, toutes les ections soient équivalentes, au point de e des propriétés physiques, parce que, en yenne, toutes sont également confuses. Au ntraire, dans les cristaux, la répartition des lécules, différente suivant les directions, pose une certaine ordonnance pour les pro iétés physiques, et, puisque toutes les files rallèles ont nécessairement la même équi- tance, en même temps que tous les réseaux ans parallèles ont forcément la même *maille*, est naturel que, pour toutes les directions rallèles, il y ait identité de propriétés phy- ques.

Telle est la notion, aussi simple que féconde, qui, énoncée par Delafosse et développée par Bravais, devait suffire à ce dernier pour fonder tout l'édifice de la théorie des cristaux.

En effet, puisqu'un cristal est assujetti à la constitution réticulaire, c'est-à-dire parallélipipédique, il doit y avoir autant de variétés, dans la structure cristalline, qu'il y a de modes géométriquement admissibles pour un assemblage dont les sommets sont disposés en réseau. Or, ces modes peuvent être prévus *à priori*. Il suffit d'analyser, comme l'a fait Bravais, les conditions de la symétrie dans les polyèdres. On reconnaît alors que, pour les figures parallélépipédiques, il n'y a que *sept* modes distincts. à symétrie de plus en plus élevée, depuis celui qui ne comporte ni axes, ni plans de symétrie, jusqu'au système *terquaternaire* ou *cubique*, qui en est le plus richement pourvu.

L'on s'assure de la même façon que les assemblages réticulaires n'admettent d'autres axes que des axes *binaires*, *ternaires*, *quaternaires* ou *sénaires*, c'est-à-dire tels que, par des rotations respectivement égales à cent quatre-vingts, cent vingt, quatre-vingt-dix et soixante degrés autour de ces axes, on substitue simplement les divers nœuds de l'assemblage les uns aux autres. C'est ainsi qu'un cube reprend identiquement la même position dans l'espace par des rotations de quatre-ving-dix degrés autour de parallèles aux arêtes, menées par son centre, ou de cent vingt degrés autour de ses diagonales, ou enfin de cent quatre-vingts degrés autour des lignes joignant les milieux de deux arêtes opposées.

Il y a donc sept systèmes cristallins, qui ne sont autres, du reste, que ceux d'Hauy, augmentés du système ternaire, dont l'existence indépendante est affirmée par la théorie, bien qu'on puisse géométriquement le déduire du système hexagonal ou sénaire. Mais en définissant ces systèmes par leurs éléments de symétrie, au lieu d'en faire de simples variétés, plus ou moins arbitraires, de parallélépipèdes, Bravais a imprimé une beaucoup plus grande rigueur à l'importante notion des *formes cristallines*.

Qu'est-ce, en effet, qu'une forme cristalline? Est-ce la forme polyédrique sous laquelle les cristaux naturels nous apparaissent? Assurément non, et la plupart de ces polyèdres résultent de la superposition de plusieurs formes distinctes. Une forme cristalline est l'ensemble de toutes les faces dont la symétrie exige la coexistence, l'une d'elles étant choisie pour point de départ. Ainsi, admettons que les circonstances de la cristallisation soient telles, qu'une face doive se produire, suivant une direction déterminée. Faisons tourner cette face, de l'angle ou des angles voulus, autour de chacun des axes de symétrie du système, répétons-la ensuite, comme il convient, relativement à tous les plans de symétrie; l'ensemble des faces ainsi obtenues constituera un polyèdre (qui, dans certains cas, pourra n'être pas fermé), et ce polyèdre sera la forme cristalline déterminée par la face en question, forme d'autant plus riche en facettes que le système sera plus symétrique, et que la face déterminante offrira moins de relations de parallélisme ou de normalité vis-à-vis des axes et des plans du système.

Mais un système étant donné, une face déterminante (qui doit être un des plans réticulaires de l'assemblage), ayant été choisie, la forme cristalline se produira-t-elle, toujours avec le même nombre de faces ? Il semble, au premier abord, que la réponse doive être affirmative. Pourtant l'expérience nous enseigne que beaucoup de cristaux n'offrent que la moitié, parfois même le quart du nombre de faces exigé par la symétrie. Cette apparente anomalie, connue sous le nom d'*hémiédrie*, n'est pas capricieuse. La suppression des faces obéit à des lois constantes, que les cristallographes allemands se sont appliqués à préciser et qui ont permis de créer quatre types distincts d'hémiédrie : l'hémiédrie dite *plagièdre* ou *énantiomorphe*, qui revient à la suppression de tous les plans de symétrie ; l'hémiédrie *à faces parallèles*, qui laisse subsister des faces deux à deux parallèles ; l'hémiédrie *à faces inclinées*, où il n'y a pas de centre ; enfin l'*hémimorphisme*, applicable aux trois modes précédents, et consistant dans la dissymétrie des cristaux relativement à leurs axes, dont les deux extrémités ne se comportent pas de la même façon.

Du reste, les savants allemands qui ont défini

l'hémiédrie ne se sont pas préoccupés d'en chercher la cause, et ils se sont contentés d'admettre que la nature se réservait la faculté de ne produire, tantôt que la moitié, tantôt que le quart, des combinaisons exigées par la symétrie.

Déjà l'insuffisance de cette hypothèse avait frappé l'esprit droit et pratique de Delafosse. Ce savant avait remarqué que, sur les cristaux hémiédriques, les propriétés physiques ne sont pas les mêmes aux deux extrémités d'une ligne qui ne se termine pas par les mêmes facettes, et il en avait conclu que la loi de symétrie d'Hauy exigeait non seulement l'identité géométrique, mais encore l'identité physique des éléments. Partant de ce point, Delafosse avait imaginé des spéculations ingénieuses pour montrer comment deux cristaux, en apparence tout à fait semblables, pouvaient être en réalité composés de matériaux différents.

L'hypothèse moléculaire, interprétée par Bravais, va nous conduire à des résultats bien autrement précis. Nous avons vu qu'au moment où un corps cristallise, il faut que ses polyèdres moléculaires, tous identiques et orientés de même, s'alignent sur les nœuds d'un assemblage de parallélépipèdes. Mais nous savons aussi qu'il y a sept variétés distinctes d'assemblages. Quelle circonstance déterminera le choix du système? Evidemment ce ne peut être que la forme même de la molécule. Celle-ci est un polyèdre, dont les sommets sont représentés par des atomes, disposés d'une certaine façon. De là résulte une symétrie propre, en général plus compliquée que celle des polyèdres parallélépipédiques (puisque les atomes de la molécule ne sont nullement assujettis à la disposition en réseau), mais pouvant offrir, avec la symétrie réticulaire, des éléments communs. Il est donc tout naturel de penser que, parmi les sept systèmes entre lesquels elle doit se décider, une molécule choisira celui avec lequel sa symétrie propre aura le plus d'analogie. Ainsi un polyèdre cubique devra tendre à choisir le système cubique ; un polyèdre pourvu d'un axe sénaire sera naturellement disposé à choisir l'assemblage hexagonal. On comprend d'ailleurs que, si les éléments de symétrie de la molécule se mettent en coïncidence avec ceux de l'assemblage, les résultantes des actions mutuelles de ces molécules passeront par les lignes qui joignent leurs centres de gravité et, de cette manière, la stabilité mécanique de l'ensemble sera bien mieux garantie, nul couple ne tendant à faire tourner les polyèdres autour de leurs centres. Ainsi des raisons mécaniques de haute valeur se joignent à l'argument géométrique pour nous montrer, dans la forme même, ou plutôt dans le genre de symétrie du polyèdre moléculaire, la cause unique du choix du système cristallin. Que la molécule soit supposée sphérique et, comme dit excellemment Bravais, la cristallisation devient un effet dépourvu de cause suffisante pour le produire.

Cela posé, deux cas pourront se présenter :

ou bien tous les éléments de symétrie de l'assemblage choisi existeront aussi dans le polyèdre moléculaire, et alors la symétrie devra être entièrement satisfaite, ce qui donnera naissance à des formes complètes, dites *holoédriques* ; ou bien la molécule n'aura, des éléments de symétrie du système, qu'une partie suffisante pour l'y maintenir, sans la faire tomber dans le système immédiatement inférieur ; alors on démontre sans peine, par une analyse aussi simple qu'élégante, qu'il en doit résulter toute une série de formes *mériédriques*, c'est-à-dire partiellement développées.

Supposons, par exemple, que le polyèdre moléculaire soit dépourvu de centre de symétrie et représentons-nous une face déterminante, chargée, sur tous les nœuds de son réseau, de centres de gravité de molécules. Pour rendre cette image encore plus expressive, admettons que chacune de ces molécules soit une pyramide tétraédrique, c'est-à-dire à quatre faces. Toutes les molécules devant être orientées de la même manière, on peut supposer que les sommets des tétraèdres sont situés à l'extérieur de la face cristalline, tandis que les bases sont placées à l'intérieur, le plan de la face comprenant seulement les centres de gravité. Cette face a donc un *endroit* et un *envers*. Mais, dans toute forme cristalline complète, à une face donnée doit toujours correspondre une face parallèle qui limite le cristal de l'autre côté. Or cette dernière face est ici tellement disposée, que les pointes des tétraèdres (toujours et forcément orientés de même) en occupent l'intérieur, c'est-à-dire l'envers, tandis que, précédemment, ils occupaient l'endroit. Les deux faces parallèles ne se présentent donc pas dans les mêmes conditions relativement au milieu cristallisable ; elles n'appartiennent donc pas au même *moment* de la cristallisation et, par suite, il n'y a aucune raison pour que l'existence de l'une entraîne celle de l'autre. Ainsi un polyèdre moléculaire dépourvu de centre détermine la réduction à moitié d'une forme cristalline donnée.

La série des variétés mériédriques a été établie par Bravais de la façon la plus rigoureuse et la plus complète. Cette série embrasse, en les réunissant autour d'un principe unique, non seulement tous les cas d'expérience classés par les cristallographes allemands, mais d'autres encore, longtemps réputés inadmissibles et dont l'observation a fini par confirmer l'existence après que la théorie seule en avait affirmé la possibilité. De cette manière, les phénomènes de l'hémiédrie cessent d'être un caprice de la nature, s'amusant, en quelque sorte, à supprimer, tantôt la moitié, tantôt le quart des faces possibles, poussant parfois la fantaisie jusqu'à détruire, par l'hémimorphisme, l'égalité entre les deux extrémités d'un axe de symétrie. Ces phénomènes, tous logiquement enchaînés, ne sont rien autre chose que la mise en évidence des différences qui ne peuvent manquer d'exister, dans bien des cas, entre la symétrie, forcément restreinte, des assemblages, et celle, beaucoup moins étroitement assujettie, des polyèdres moléculaires. On peut même dire que, par leur production, les variétés mériédriques apportent un précieux témoignage en faveur de la réalité de ces polyèdres, que tant de raisons puissantes nous portent d'ailleurs à admettre.

Nous n'insisterons pas davantage sur ces considérations ; mais il est une conséquence que nous ne pouvons passer sous silence, en raison de son application à une grave question, longtemps débattue entre les philosophes. Cette question est la suivante : lorsqu'un corps composé prend naissance, que deviennent les éléments constituants ? Gardent-ils dans le nouveau corps leur individualité distincte ou se fondent-ils, en quelque sorte, dans un nouveau groupement ? La première opinion est celle qui a inspiré la nomenclature binaire des chimistes. Appeler un corps du nom de carbonate de chaux, en écrivant sa formule $CaO.CO^2$, c'est admettre implicitement que la chaux et l'acide carbonique y persistent, chacun gardant la proportion d'oxygène qui lui appartient ; de la sorte, il suffit de certaines actions extérieures pour dissocier ces deux groupes en faisant reparaître chacun d'eux tel qu'il était avant la combinaison. La seconde opinion, qui pourrait invoquer en sa faveur l'autorité du puissant génie de saint Thomas d'Aquin, pour qui toute constitution de substance était le résultat d'une *information* particulière, faisant naître une cause substantielle unique, peut aussi, de nos jours, réclamer l'appui de la théorie atomique. Car cette dernière tend à nous représenter des groupements d'atomes, variables avec les composés résultants.

Or il nous semble que la Cristallographie tranche définitivement la question en faveur de la seconde hypothèse. En effet, du moment qu'un corps cristallise, c'est qu'il a un polyèdre moléculaire pourvu d'un certain degré de symétrie. Or les conditions de la symétrie des polyèdres sont assez étroitement définies. Par exemple, si un polyèdre quelconque possède plusieurs axes et plusieurs plans de symétrie, tous doivent passer par un même point, qui est le centre de gravité. Dès lors, juxtaposons deux polyèdres moléculaires ; l'ensemble aura un centre de gravité commun, par lequel ne passeront ni les éléments de symétrie du premier, ni ceux du second polyèdre. Il n'en résultera donc pas une molécule susceptible de cristalliser. Tout au plus obtiendrait-on ce résultat en groupant convenablement, autour d'une molécule unique de la première espèce, un nombre de molécules de la deuxième suffisant pour satisfaire à la symétrie du système choisi. Or, à supposer que ce résultat fût possible, on peut affirmer qu'en général il introduirait des rapports atomiques très différents de ceux que fournit l'analyse chimique. Cela suffirait pour en écarter l'hypothèse.

A nos yeux, les lois cristallographiques imposent l'idée que tout corps doit avoir son polyèdre moléculaire propre, où les atomes jouent le rôle de sommets géométriques, déterminant par leur agencement mutuel la symétrie du polyèdre et, par suite, le choix du système cristallin. Lors donc qu'un composé se forme, les atomes constituants subissent un nouveau groupement d'ensemble. Personne n'admettra que, si notre système planétaire venait à entrer en conflit avec un autre, les planètes de chacun des deux systèmes continueraient à graviter, comme par le passé, autour de leur astre central. Il s'établirait forcément un nouvel équilibre avec de nouvelles orbites. De la même façon, le groupement des atomes d'un corps disparaît quand ce corps se combine avec un autre. Une nouvelle cause substantielle intervient, qui détermine les relations mutuelles des atomes relativement au centre de gravité de la molécule composée. Que cette cause substantielle soit détruite par une influence extérieure, les atomes retomberont sous l'empire des affinités qui, auparavant, les avaient groupés en combinaisons moins complexes, et cela jusqu'à ce que les progrès de la dissociation les résolvent en ces éléments indécomposables que nous appelons les atomes simples. Mais à tout moment la molécule a son individualité, ce que saint Thomas eût appelé sa *forme*, nom admirablement choisi, en vérité, puisque cet élément se révèle à nous par le mode de symétrie. N'avions-nous donc pas raison de dire, en commençant cet article, que la Cristallographie rationnelle pouvait ouvrir aux philosophes des aperçus que la métaphysique aurait tort de négliger ?

Poursuivant l'analyse des phénomènes de la cristallisation, nous rencontrons sur notre chemin une particularité dont l'explication rationnelle est facile à donner ; nous voulons parler de l'*isomorphisme*. On appelle isomorphes les corps qui sont susceptibles de se remplacer mutuellement en proportions quelconques, sans que ni la forme ni les propriétés physiques du cristal résultant en soient affectées. Ainsi, dans le carbonate de chaux appelé calcite, une partie quelconque de la chaux peut être remplacée par les oxydes de fer, de manganèse ou de magnésium. L'aspect des cristaux demeure le même ; ce sont toujours des rhomboèdres, dont l'angle varie entre 105 et 107 degrés. Il y a toujours trois clivages également faciles, et il est impossible de deviner à l'œil les proportions relatives des éléments. De même, dans le grenat dit grossulaire, qui est un silicate d'alumine et de chaux, le peroxyde de fer peut se substituer à l'alumine, le protoxyde à la chaux, sans qu'on s'en aperçoive autrement que par l'analyse chimique.

Dans ces exemples et dans ceux du même genre, la substitution ne semble pas difficile à expliquer, car elle s'opère entre corps de même forme cristalline et de même volume moléculaire. Tel est le cas de l'alumine et du peroxyde de fer qui, à l'état isolé, se présentent en rhomboèdres d'angles identiques. Ces deux corps peuvent donc se substituer l'un à l'autre, parce que les atomes qui les composent, bien que différents en partie par leur essence, manifestent des affinités de même ordre, conduisant à la même symétrie et à la production du même assemblage réticulaire. Mais il est d'autres cas où l'isomorphisme a lieu entre corps qui n'ont pas la même formule chimique et qui diffèrent l'un de l'autre par certains éléments, qu'on est habitué à ne pas considérer comme équivalents en chimie. Cette particularité, assez récemment découverte, peut embarrasser ceux qui tiennent encore à l'ancienne nomenclature binaire ; elle ne saurait offrir aucune difficulté quand on admet le groupement en masse des atomes. En effet, dans un corps à constitution très complexe et dont, par suite, le polyèdre moléculaire comporte un grand nombre de sommets, qu'importe que quelques-uns, formant la minorité, ne soient pas absolument identiques dans toutes les molécules ? Il suffit que les atomes qui les occupent ne diffèrent pas assez les uns des autres pour changer, ni la symétrie générale du polyèdre moléculaire, ni le volume de ce polyèdre, auquel cas la cristallisation aura lieu comme par le passé.

L'isomorphisme apporte donc la preuve de ce qu'on pourrait appeler la tolérance de la nature en matière cristallographique. Si définies que soient les conditions de la cristallisation, elles comportent une certaine latitude, dans les limites de laquelle le résultat final n'est pas troublé. C'est ainsi que des molécules ou des atomes de natures diverses peuvent être admis à faire partie du même édifice, pourvu que la moyenne de leurs affinités concorde suffisamment avec celle des matériaux qui, en stricte justice, auraient dû seuls concourir à la construction.

Jusqu'ici nous avons considéré ce qu'on peut appeler les lois élémentaires de la cristallisation, c'est-à-dire celles qui s'appliquent au cas où un corps cristallise dans des conditions de simplicité particulières. Mais l'observation nous apprend qu'un très grand nombre de cristaux résultent du groupement d'individus similaires, tantôt simplement juxtaposés, tantôt enchevêtrés les uns dans les autres et se pénétrant d'une façon très intime. Par exemple, tout le monde connaît la *staurotide* ou *pierre de croix*, ce minéral abondamment répandu dans quelques localités de la Bretagne et où le groupement régulier de deux individus prismatiques donne naissance à une croix grecque parfaite. De même, dans certains schistes pyrénéens, on voit se détacher à la surface une multitude de petits prismes carrés, dont la section se compose de parties noires et blanches, régulièrement associées en forme de mosaïque géométrique. Cette espèce a reçu le nom de *mâcle*, qui est devenu aussi le nom générique des groupements cristallins. Enfin, dans ces derniers temps, le progrès des observations optiques a montré qu'un très grand nombre de cristaux, jusqu'alors réputés simples, se composaient en réalité de plusieurs parties, différemment orientées, de la même substance ; de la sorte, quand on les coupe en lames minces et qu'on les étudie dans les appareils de polarisation, on voit chacune de ces parties composantes s'éclairer d'une teinte spéciale et le contraste des teintes voisines fait ressortir les limites mutuelles des parties, limites tantôt rectilignes, tantôt capricieuses et dentelées.

Il importe, au plus haut degré, de soumettre e phénomène des màcles à une rigoureuse ınalyse, et de rechercher si cette faculté de groupement ne contient rien qui soit contradictoire avec les principes fondamentaux de la Cristallographie rationnelle. Au premier abord quelque hésitation est vraiment permise, et orsqu'on voit des cristaux, qui semblaient éaliser le type le plus accompli de la symétrie ubique, comme ceux de leucite, devenir, à la umière des phénomènes chromatiques, de imples juxtapositions de cristaux beaucoup noins symétriques, il est loisible d'éprouver uelque sceptisme à l'endroit des lois de la ristallographie. Comment croire, en effet, à a nécessité de la disposition réticulaire, si le ristal duquel on la déduit n'est le plus souvent u'une trompeuse apparence, où d'habiles ispositions d'ensemble masquent la dissymétrie des éléments constituants ?

A ce point de vue, les travaux de M. Mallard (1)

---

(1) Ces travaux ont été publiés dans les *Annales des mines*, nsi que dans les bulletins de la *Société minéralogique de* *ance*.

offrent, à nos yeux, une importance capitale, en ce qu'ils ont permis de rattacher la plupart des anomalies cristallographiques au principe même des réseaux, en même temps qu'ils donnaient, en quelque sorte, la formule générale des groupements, tous dirigés en vue de l'acquisition d'une symétrie supérieure, cette symétrie n'étant elle-même que la manifestation de la tendance du monde minéral vers le maximum de stabilité.

Depuis longtemps déjà, on avait reconnu que les mâcles visibles à l'œil nu n'étaient nullement capricieuses ; que toujours les individus accouplés se touchaient mutuellement suivant une face cristallographique, en général de notation très simple, et que, la plupart du temps, deux individus mâclés pouvaient être considérés comme s'ils avaient formé, dans l'origine, un même cristal, dont une moitié aurait exécuté, relativement à l'autre, un demi-tour complet en glissant sur la face de jonction C'est ce qu'on appelait une *hémitropie*.

Toute face cristalline étant un plan réticulaire et la demi-rotation d'un tel plan, autour d'un axe qui lui est normal, ne pouvant rien changer à la situation des sommets du réseau, les hémitropies de cette nature rentraient aisément dans les lois générales de la cristallisation ; elles montraient seulement que si deux orientations différentes étaient susceptibles de se produire dans une même partie d'un liquide en voie de cristallisation, du moins les deux assemblages étaient liés ensemble par la nécessité qui s'imposait à eux d'avoir un plan réticulaire commun.

On pouvait même aller plus loin. Quand deux cristaux de gypse, qui n'ont qu'un seul plan de symétrie et dont la section, suivant ce plan, est un parallélogramme ordinaire, viennent à se mâcler, en général ils s'associent suivant une face normale à ce plan de symétrie ; dès lors les deux parallélogrammes, ayant un côté commun, deviennent symétriques relativement à ce côté, c'est-à-dire que l'ensemble des deux cristaux est pourvu de deux plans de symétrie rectangulaires, alors que chacun d'eux isolément n'en possédait qu'un seul. Ainsi, la mâcle du gypse révèle la tendance de cette espèce vers une symétrie supérieure à celle que son polyèdre moléculaire lui eût permise.

Mais que dire de la mâcle dite de Carlsbad, si fréquente parmi les cristaux de feldspath orthose de Bohême ou d'Auvergne ? Là, il est encore bien vrai que les deux cristaux, en s'appliquant l'un contre l'autre parallèlement à leur plan de symétrie, et regardant l'un en avant, l'autre en arrière, forment, par leur ensemble, une figure plus régulière que celle de chacun d'eux, pris isolément et réduit à sa section parallélogrammique. Mais pourquoi l'un des réseaux, au lieu de tourner autour d'un axe normal, a-t-il choisi comme axe d'hémitropie une ligne contenue dans ce plan, c'est-à-dire l'arête même de son prisme ? La réponse a été donnée par M. Mallard. C'est que cette arête joue, relativement à l'orthose, le rôle d'un axe de symétrie *approché*, de telle sorte que ce cristal, bien qu'appartenant au système binaire, est aussi voisin que possible, par les valeurs et les directions de ses axes cristallographiques, de la symétrie terbinaire ou orthorhombique. C'est un cristal à *forme-limite*, comme s'exprime M. Mallard.

Cela posé, il n'est pas difficile de montrer qu'un réseau presque terbinaire, en tournant autour de l'un de ses axes de pseudosymétrie, peut prendre deux positions, très voisines l'une de l'autre; or, ces deux réseaux pourront fonctionner comme des matériaux isomorphes, c'est-à-dire qu'ils s'associeront en proportions diverses, et il en résultera un cristal dans lequel la combinaison de ces deux sortes d'éléments aura produit un édifice plus symétrique que ne l'étaient les parties composantes.

De même, imaginons douze pyramides, ayant pour bases des losanges identiques avec celui qui constitue les faces du dodécaèdre rhomboïdal, cette forme si fréquente et souvent si régulièrement développée dans le grenat. Si les angles au sommet de ces pyramides sont tels, que leur juxtaposition autour d'un même point remplisse tout l'espace sans vide intermédiaire, elles se grouperont de manière à former un dodécaèdre rhomboïdal parfait, et l'on ne connaîtra cette sorte de supercherie de la nature que par un examen optique, révélant, dans une lame mince de ce grenat, la présence de divers secteurs non isotropes, à contours rectilignes et différemment orientés. Et qu'on ne dise pas qu'il s'agit là d'une ingénieuse explication théorique, dépourvue de toute sanction ; car, sur un cristal de grenat, l'habile scalpel de M. Ém. Bertrand a réussi à isoler les pyramides composantes dont M. Mallard avait décrit l'agencement. Là encore, il s'agissait d'un cristal à forme-limite, où un heureux groupement des diverses positions admissibles permettait à l'ensemble de revêtir extérieurement les apparences d'une symétrie plus élevée.

Or, le nombre des cristaux à forme-limite est très considérable dans la nature. De même que, s'il existe beaucoup de corps biréfringents, il y en a très peu chez lesquels les divers indices de réfraction offrent des valeurs très sensiblement différentes, de même, s'il y a beaucoup de corps où les axes du prisme fondamental ne sont ni égaux ni rectangulaires, il y en a peu où les valeurs mutuelles des paramètres soient très écartées les unes des autres, et où les inclinaisons mutuelles des axes soient très différentes de l'angle droit. Ainsi, l'on connaît un grand nombre de prismes orthorhombiques, comme ceux des carbonates de plomb, de baryte, de strontiane et de chaux (variété aragonite), où l'angle du prisme est très voisin de 120 degrés, c'est-à-dire de la symétrie hexagonale. Il est des cristaux orthorhombiques où, l'un des axes horizontaux étant égal à 1, l'autre a pour valeur 0,98 ou 0,99, ce qui conduit à une forme ayant la symétrie quadratique pour limite.

Dans tous ces divers cas, l'*isomorphisme des réseaux*, faisant pendant à l'isomorphisme des molécules, vient corriger ce qu'avait de défectueux la symétrie propre des substances et, si les groupements cristallins qui en résultent réduisent bien souvent les lois cristallographiques à n'être que des lois élémentaires, du moins ils ne les contredisent en rien. Bien au contraire, ils s'encadrent dans la même formule générale.

De plus (et c'est encore à M. Mallard qu'est due cette observation), les phénomènes de groupement nous mettent sur la voie de l'explication du *dimorphisme*, cette propriété que présentent certaines substances d'offrir deux ou plusieurs formes cristallines incompatibles. Ainsi le soufre fondu est clinorhombique, tandis que le soufre obtenu par voie humide est orthorhombique. L'oxyde de titane TiO^2 se présente sous trois formes ; le rutile, quadratique ; l'anatase, également quadratique, mais avec une valeur différente pour le paramètre vertical ; enfin la brookite, orthorhombique. Or, presque toujours, celle des formes d'une substance dimorphe qui offre la symétrie la plus élevée est une forme-limite de celle qui est le moins symétrique. On peut donc admettre que le dimorphisme résulte de l'inégalité des groupements qui s'opèrent entre les réseaux isomorphes de la substance, inégalité qui fait que sa dissymétrie intrinsèque est, suivant les cas, plus ou moins complètement corrigée.

Il reste à expliquer cette tendance des corps minéraux vers une symétrie aussi élevée que possible. Mais, en fait, ce n'est rien autre chose que la poursuite systématique de cette stabilité qui peut être considérée comme la véritable caractéristique du monde minéral. Tandis que le monde organique offre l'image du changement sans trêve, chaque particule d'un organisme étant soumise à un incessant travail de destruction et de renouvellement, le monde minéral possède la stabilité parfaite, et tous les mouvements s'y réduisent aux seules vibrations des polyèdres moléculaires autour de leurs centres de gravité, invariables tant que les conditions extérieures ne changent pas. Aussi M. Pasteur a-t-il fait cette heureuse remarque, que c'est surtout chez les corps minéraux dérivés des substances organiques que se rencontrent les formes cristallines les plus dissymétriques, notamment celles qui accusent des polyèdres moléculaires dépourvus à la fois de centre et de plans de symétrie; comme si, dans ces substances, la matière se pliait d'avance, par le choix de ces formes, aux transformations qu'elle devra subir en devenant partie intégrante des tissus organiques. Au contraire, les minéraux naturels, ceux qui font partie de la véritable écorce terrestre, appartiennent aux substances les plus réfractaires, aussi bien au point de vue chimique qu'au point de vue physique, à celles pour lesquelles la stabilité est la condition essentielle du rôle qu'elles ont à remplir dans l'économie de la création. Or, plus un corps est symétrique et mieux on comprend qu'il résiste aux influences extérieures. Cette résistance sera portée au maximum quand le corps possédera la symétrie cubique, qui comporte l'identité des propriétés physiques extrêmes suivant trois directions rectangulaires. De là cette tendance des minéraux, toutes les fois que leur forme-limite le leur permet, à s'approcher, par des combinaisons de cristaux, de la symétrie cubique, si favorable à leur conservation.

En résumé, le phénomène des groupements multiples, qui avait été rangé au premier abord parmi les anomalies et les perturbations de la cristallisation, nous apporte, en réalité, un nouveau témoignage en faveur de la théorie des réseaux. Ainsi, autrefois, les perturbations planétaires, qui semblaient de nature à affecter gravement le crédit des lois newtonniennes, n'ont pas tardé à révéler leur accord avec le principe de la gravitation universelle, dont elles sont devenues la meilleure démonstration.

Parlerons-nous maintenant des propriétés optiques des cristaux et du secours qu'apporte à cette étude la considération des axes et des plans de symétrie? Ce serait peine inutile, l'optique cristallographique étant une science depuis longtemps constituée et en faveur de laquelle il n'y a plus lieu de plaider. Au contraire, si nous avions à cet égard une observation à présenter, ce serait pour dire que cette partie de la science, la seule qui, partout, soit enseignée rationnellement d'après les théories de Fresnel, est, en réalité, moins satisfaisante et moins rigoureuse que la Cristallographie de Bravais. Comme cette assertion pourra sembler paradoxale, nous avons hâte de la justifier en quelques mots.

Sur quoi repose toute l'optique des cristaux? Sur la considération de l'ellipsoïde d'élasticité. On admet, en vertu du principe de la composition des petits mouvements, qu'une vibration éthérée peut être remplacée par ses composantes suivant trois directions rectangulaires, et alors on en déduit que, si l'on imagine tous les mouvements giratoires possibles, de même amplitude, qui peuvent se produire autour d'un point déterminé, les valeurs des élasticités correspondantes, portées sur leurs directions, donneront naissance à un ellipsoïde à trois axes, dont le point donné occupe le centre.

A ce moment, on se figure sans doute avoir établi une loi naturelle. C'est une grande illusion, ainsi que le démontre M. Mallard au début du deuxième volume de son *Traité de Cristallographie*. Ce qu'on a établi en réalité, c'est simplement une *propriété mathématique des fonctions continues*. On a supposé gratuitement que les élasticités développées par un mouvement vibratoire étaient une fonction des vibrations elles-mêmes, et cette seule hypothèse a permis de poser des équations qui, en négligeant (vu la petitesse des mouvements considérés) les termes de degré supérieur au second, ne pouvaient manquer de conduire à l'équation d'un ellipsoïde. Et voilà pourquoi cet ellipsoïde se retrouve à la base de toutes les théories physiques, qu'il s'agisse d'inertie, d'élasticité, de conductibilité thermique ou de rayonnement lumineux !

Or l'hypothèse fondamentale est assurément fausse ; la matière n'est pas continue ; ses particules sont séparées par des intervalles très petits, mais finis et, de la sorte, au lieu d'être des fonctions continues des coordonnées des points du milieu, les propriétés physiques indissolublement liées à la distribution de la matière, ne peuvent être, en réalité, que des *fonctions périodiques*. Seulement, les intervalles intermoléculaires sont, selon toute vraisemblance, d'une telle petitesse que l'hypothèse de la continuité n'a pas d'inconvénient pratique ; elle laisse subsister un suffisant accord entre la théorie et l'expérience, et cela légitime le crédit qu'on lui reconnaît. Mais il ne faudrait pas attribuer à cet accord plus de valeur qu'il n'en a, et il importe de se pénétrer de cette vérité que « la physique mathématique n'est au fond que l'étude des propriétés mathématiques imposées à la matière par l'hypothèse de la continuité du milieu » (1).

Si nous avons insisté sur ce point de vue, c'est d'abord parce qu'il est assez généralement

(1) Mallard, *op. cit.*

méconnu, et qu'on s'imagine trop volontiers être en possession de lois naturelles quand, en réalité, on n'a que des approximations mathématiques. C'est ensuite pour faire ressortir la grande supériorité de la doctrine de Bravais, qui, loin de supposer la continuité de la matière, est, au contraire, essentiellement basée sur le principe de la discontinuité. Nous ne craignons donc pas de dire que, de toutes les théories physiques, c'est celle qui donne le moins de place aux conceptions arbitraires, celle qui marche le plus constamment en union avec l'expérience, celle où les spéculations, quand il en faut faire, sont le plus conformes à la réalité des faits.

Qu'il nous soit donc permis, en terminant, d'exprimer le désir qu'une théorie aussi satisfaisante, aussi bien faite pour mettre en lumière l'ordre admirable qui règne dans la création, ne reste plus le privilège de quelques-uns. Le moment est venu d'en faire partout profiter l'enseignement. Ce n'est qu'un changement d'habitudes à introduire. Il ne faut rien de plus, pour la comprendre, que ce qui est strictement exigible de tous ceux qui fréquentent les cours des Facultés, et nous avons la persuasion que le jour où les étudiants seront, de beaucoup de côtés à la fois, sollicités à s'y intéresser, ils verront la Cristallographie d'un autre œil que celui dont elle a été jusqu'ici considérée. Qu'on y ajoute quelques autres réformes, comme le remplacement déjà réalisé en France, des symboles de Naumann par ceux de Lévy, où toutes les formes simples, de beaucoup les plus répandues, peuvent être représentées par une seule lettre, affectée d'un exposant aussi souvent entier que fractionnaire, et la cristallographie cessera d'être cette science rébarbative et hiéroglyphique que nous dépeignions au début de cet article. Elle deviendra l'initiation nécessaire de tous ceux qui veulent vraiment savoir ce que c'est que la matière et qui, pour y parvenir, doivent l'aller chercher dans ses manifestations les plus simples et les mieux ordonnées.

§ 2. — L'évolution des doctrines cristallographiques (1)

L'esprit français a soif de clarté. Il veut que les choses lui soient présentées nettement, même quand la netteté de l'exposition devrait dépasser un peu ce que semblent autoriser les notions réellement acquises. D'autre part, il ne peut se contenter de connaître le *comment* des phénomènes. C'est un besoin pour lui d'en apercevoir le *pourquoi*, c'est-à-dire de les rattacher les uns aux autres, par ces relations de cause à effet dont l'enchaînement logique constitue ce qu'on appelle des théories.

En vain essaierait-on de le décourager en lui montrant qu'un édifice doctrinal n'a jamais

(1) Extrait de la *Revue de l'Institut catholique de Paris*, 5 février 1907.

qu'une durée limitée, et que bientôt l'observation révèle un phénomène dont la théorie admise est impuissante à rendre compte. Il sait que cet apparent échec de la doctrine est moins un renversement qu'une évolution, et qu'il suffira généralement d'en modifier quelques termes pour la rendre apte à sa nouvelle tâche. Au rebours de ceux qui s'autorisent de ces changements pour dénier toute valeur objective aux doctrines, et les considérer tout au plus comme des cadres commodes, en vue de l'enregistrement méthodique des faits, un instinct sûr avertit l'esprit français que la vraie science a pour objet principal non la connaissance des résultats d'expérience, mais l'intelligence des rapports qui les unissent. Tandis que l'observation perfectionne ses méthodes, et introduit une précision croissante dans l'expression des faits constatés, le savant se sert de ces progrès pour mieux définir les rapports déjà entrevus, de sorte que peu à peu les lignes maîtresses de l'édifice doctrinal se dégagent avec une netteté grandissante.

C'est à ce point de vue qu'on a vraiment le droit de dire qu'il existe une science française; car si la connaissance des phénomènes est une de sa nature, et n'a pas à compter avec les distinctions de race ou de nationalité, l'idée qu'on se fait des choses n'est nullement indifférente au progrès de l'observation elle-même, qu'elle guide en l'orientant vers des voies fécondes. Or tandis que, dans d'autres pays, on se contente volontiers de recueillir des faits, évitant avec une défiance systématique toute tentative de les réunir en théorie, chez nous on professe de longue date ce qu'exprimait si bien M. H. Poincaré dans son discours au Congrès de physique de 1900, c'est-à-dire que « le savant doit ordonner : on fait la science avec les faits comme une maison avec des pierres; mais une accumulation de faits n'est pas plus une science qu'un tas de pierres n'est une maison ».

A toutes les époques, le mérite de nos grands hommes de science est d'avoir tenu dans leurs mains ces flambeaux directeurs qui éclairaient la route de leurs contemporains, méritant, par les services rendus, une gratitude dont nous ne saurions nous affranchir sous prétexte que la lumière projetée avait parfois ses défaillances, et qu'on dispose aujourd'hui d'instruments plus perfectionnés.

Nulle part cette disposition nationale ne s'est manifestée avec plus d'éclat ni plus de succès que dans le développement de la science cristallographique, la plus française qui soit par ses origines; car c'est un des nôtres, Carangeot, qui a inventé le goniomètre d'application, l'instrument si simple qui sert à mesurer les angles des cristaux; c'est un autre Français, Romé de l'Isle, qui a su manier cet ingénieux outil de façon à découvrir, en 1783, le principe de l'invariabilité des angles mutuels des faces dans une même forme. Enfin, quelques années plus tard, notre compatriote l'abbé Haüy construisait sur cette base l'édifice, aussi simple que majestueux, de la première doctrine cristallographique. Il convient d'en rappeler succinctement le principe.

Sur sa table de travail, Haüy vient d'étaler une série de cristaux qui tous appartiennent à l'espèce connue sous le nom de chaux carbonatée. Il a beau savoir que, dans chacun de ces cristaux, les faces homologues, quoique susceptibles d'un développement inégal, font entre elles des angles dièdres invariables, cette loi ne suffit pas pour mettre de l'ordre dans une pareille richesse de formes en apparence incompatibles. Ici, voilà des pyramides très pointues, à douze faces triangulaires, dont les deux moitiés se raccordent par un hexagone en zigzag. A côté, d'autres échantillons ne montrent que des prismes à six pans, mais ceux-ci sont couronnés tantôt par une base unique, tantôt par la combinaison de cette base avec trois facettes qui lui sont tangentes, tantôt par une pyramide triangulaire aplatie, qui fait du sommet du cristal une tête de clou. Parfois les cristaux sont allongés, presque aciculaires ; d'autres échantillons, ramassés comme en boule, portent douze faces à peu près semblables, de contour pentagonal. D'autres enfin seraient facilement pris pour des cubes. N'est-ce pas une vaine tentative, de chercher une loi de dérivation commune dans cette multitude de polyèdres, qui ne semblent se rattacher les uns aux autres que parce que le nombre de leurs faces est le plus souvent, mais pas toujours, un multiple de trois ?

Heureusement, les cristaux de carbonate de chaux sont fragiles, et de ce défaut même va sortir pour Haüy un précieux enseignement. Parmi les pyramides qu'il a sous les yeux, quelques-unes ont perdu leur pointe ; mais la cassure qui en résulte n'est pas inégale et capricieuse, comme ce serait le cas avec du cristal de roche. Elle est parfaitement plane et brillante ; souvent même elle se compose de trois facettes identiques, formant un pointement sur tous les cristaux, quelle que soit leur forme. Tous se *clivent*, c'est-à-dire se laissent débiter, suivant trois directions faisant entre elles le même angle ; si bien qu'en continuant à les briser, de manière à faire disparaître l'une après l'autre toutes les faces originelles, on n'a plus, quel que soit le cristal primitif, qu'un noyau de forme constante.

Ce noyau est un solide appelé *parallélépipède*, parce qu'il est limité par trois couples de faces, deux à deux parallèles. Les six faces se groupent symétriquement trois par trois autour de deux sommets opposés, et si l'on s'arrange pour que la figure ainsi obtenue soit équilibrée dans tous les sens, on reconnaît que les six faces sont des losanges ou *rhombes* identiques, ce qui vaut au noyau le nom de *rhomboèdre*.

De cette observation, le lumineux esprit d'Haüy tire la conséquence que voici : Ce rhomboèdre, qui survit seul à la destruction de tous les cristaux, quels qu'ils soient, doit être la vraie forme, la *forme primitive*, du carbonate de chaux. Toutes les autres formes doivent pouvoir s'y rattacher, en considérant chacune de leurs faces comme le résultat d'une section plane ou *troncature* opérée sur les angles ou les arêtes du rhomboèdre primitif ; car les directions des faces ayant seules de l'importance dans les cristaux, on peut toujours, pour une face donnée, concevoir un plan parallèle qui viendra couper les arêtes du rhomboèdre.

D'ailleurs, le fait n'est point particulier au carbonate de chaux. Une foule d'autres espèces se comportent d'une manière analogue. Le sel marin, et avec lui la galène ou sulfure de plomb, par exemple, se clivent suivant trois directions à angle droit, qui engendrent des noyaux cubiques. La barytine ou sulfate de baryte se clive en prismes droits à base de losange ; l'anhydrite ou sulfate de chaux anhydre, en prismes rectangulaires à faces inégalement brillantes, etc. Par une généralisation hardie, Hauy érige ce fait d'observation en principe universel. Tous les cristaux sans exception doivent avoir pour noyau un parallélépipède, et comme un tel solide géométrique est susceptible d'une suite ordonnée de variétés à symétrie décroissante, depuis le cube jusqu'au polyèdre composé par trois couples de parallélogrammes inégaux et obliques les uns sur les autres, le secret de l'inégale symétrie des cristaux devra se trouver dans la forme de leur noyau primitif, invariable pour une substance donnée.

Effectivement, en comparant ce noyau, tel qu'il est révélé par le clivage, avec les formes plus compliquées des cristaux naturels, Haüy s'assure que toute modification opérée sur un élément du noyau se répète sur tous les éléments identiques. Ainsi, qu'une troncature équilatérale se substitue à un angle d'un cube, les sept autres angles porteront la même modification. Qu'une des arêtes de ce cube soit abattue par une face tangente, les douze arêtes seront abattues de la même façon. C'est *la loi de symétrie*, qui va devenir la règle infaillible dans l'analyse des formes dérivées, et permettra de distinguer celles qui sont simples de celles qui découlent de la superposition de plusieurs formes indépendantes.

Haüy va plus loin encore. Puisque chaque face est une troncature qui, dans le cas le plus général, abat un angle du noyau primitif ; puisque, d'autre part, la direction de cette face importe seule, et non sa position, il est facile de la définir avec précision, en faisant connaître les rapports mutuels des longueurs interceptées sur les trois arêtes de l'angle qu'elle tronque, ces longueurs elles-mêmes pouvant être évaluées en fractions de la dimension des arêtes du noyau normal. Or, en procédant à cette mesure, Haüy découvre avec surprise que ces rapports sont toujours simples et que, pour tous les cristaux, ils peuvent constamment s'exprimer par des fractions dont les deux termes sont des nombres entiers. C'est ce qu'on appelle des fractions *rationnelles*.

Ainsi, supposons qu'une troncature intercepte, sur les arêtes d'un angle, trois longueurs qui, exprimées en fractions de la dimension propre des arêtes, soient entre elles comme les nombres 1, 3 et 5. Une autre troncature, absolument quelconque, et n'appartenant pas à la même forme, interceptera des longueurs telles que 1, 2, 7 ; de sorte que les rapports $\frac{1}{1}, \frac{3}{2}, \frac{5}{7}$ seront toujours rationnels. A la loi de symétrie vient donc se joindre la *loi des troncatures rationnelles* ; et ces deux lois ensemble régiront toutes les combinaisons de la matière cristallisée.

Jusqu'ici l'expérience seule a parlé. Observateur habile et perspicace, Hauy a su constater des faits qui n'apparaissaient pas au premier coup d'œil, et les grouper en lois expérimentales, d'une portée absolument générale. Mais voici que va se manifester le savant de race française, qui veut trouver la signification intime des rapports révélés par l'observation.

Il lui suffira pour cela de rapprocher, par une relation de cause à effet, les deux notions fondamentales du parallélépipède primitif et des troncatures rationnelles. Puisque le clivage permet de réduire n'importe quel cristal de carbonate de chaux, par exemple, en rhomboèdres de plus en plus petits, mais toujours identiques, n'est-il pas naturel d'admettre qu'un rhomboèdre soit composé par la juxtaposition régulière et l'empilement ordonné d'une foule de rhomboèdres élémentaires de la même forme, qui seront, selon l'expression d'Hauy, les *molécules intégrantes* du noyau ? Dans ce cas, si l'on suppose ces molécules assez petites pour que l'appréciation de leurs formes et de leurs dimensions échappe à nos sens, lorsque, sur un angle d'un rhomboèdre, on voudra faire naître une face quelconque, il suffira d'enlever, sur les trois faces aboutissant à cet angle, un certain nombre de rangées contenant chacune *un nombre entier* de molécules intégrantes. Après quoi, à la place de l'angle, il restera une troncature en forme d'escalier dentelé, dont chaque marche aura la hauteur d'une molécule. Mais les dimensions sont si petites que l'impression produite sur nos organes par cet escalier sera celle d'une face plane et continue. Et comme chaque arête limitative de ce plan représente forcément un nombre entier de molécules, les rapports mutuels des arêtes appartenant à diverses faces ne pourront être que *rationnels*.

Nous voilà donc parvenus, du premier coup, à une conception infiniment claire de la nature intime d'un corps cristallisé. C'est un assemblage ordonné d'éléments *parallélépipédiques*, dans lequel, par l'addition ou la soustraction d'un nombre entier d'éléments, on peut faire naître toutes les formes compatibles avec la symétrie propre du noyau.

Chose curieuse ! au lieu de se laisser séduire par ce qu'il y avait de lumineux et de simple dans cet ensemble de conceptions, les cristallographes étrangers, surtout ceux de l'école allemande, s'obstinaient à chercher une autre formule. Weiss a cru la trouver dans ce qu'il a appelé la *loi des zones*.

Il faut dire qu'une zone, en cristallographie, est l'ensemble de toutes les faces qui sont parallèles à une même direction ; de sorte que, si elles étaient seules, elles engendreraient un cylindre à base polygonale, ayant cette direction pour axe. Or l'observation montre que les zones comprenant plus de deux faces sont fréquentes dans les cristaux, et qu'en outre, quand une forme relativement simple est donnée, par exemple celle d'un prisme hexagonal coiffé par la pyramide correspondante, si cette forme vient à *s'enrichir* en facettes adventives, celles-ci auront une tendance marquée à venir se placer de préférence dans les zones engendrées par la combinaison d'une des faces de la pyramide avec une de celles du prisme.

Il semble donc que, par ce seul fait qu'une zone existe (et pour cela il suffit que deux faces soient développées), elle *appelle*, en quelque sorte, les nouvelles faces à venir. Et fréquemment une de ces nouvelles faces s'arrange de manière à se trouver à la fois dans deux zones préexistantes, ce qui la détermine absolument, puisque la direction d'un plan est fixée quand on connaît celle de deux lignes que le plan doit contenir.

Une telle disposition ne saurait être un effet du hasard. Elle doit trouver sa raison d'être dans les propriétés fondamentales de la matière cristallisée. C'est pourquoi Weiss a cru pouvoir se passer de la formule d'Hauy, et lui substituer une loi, longtemps réputée plus générale, dont l'énoncé est le suivant :

Dans le développement progressif des différents termes d'une série cristalline, chaque terme ultérieur est déterminé par les zones que forment entre eux les termes précédents.

Quelle distance entre cet énoncé, à l'allure essentiellement germanique, et la formule d'Hauy, tout empreinte de la limpidité même des cristaux ! Encore, si cette infériorité était rachetée par une portée plus générale ! Mais pas du tout. Traduite en bon français, la loi des zones exprime tout simplement qu'un corps cristallisé est entièrement défini en puissance par quatre faces non parallèles entre elles ; car ces quatre faces, prises deux à deux, engendrent six zones, lesquelles, combinées entre elles, en font naître de nouvelles, et ainsi de suite indéfiniment. Or, si l'on fait passer trois des quatre faces par un même point, et que la quatrième soit logée dans l'intérieur du trièdre ainsi obtenu, on engendre une pyramide à quatre faces triangulaires ; et cette pyramide est elle-même le quart du parallélépipède qui serait élevé sur le double de sa base triangulaire.

Nous voilà donc ramenés au noyau parallélépipédique d'Hauy, noyau dont nous savons que nous pouvons tirer toute la série des formes admissibles, en joignant trois à trois les points de division des arêtes fondamentales, préalablement sectionnées en parties égales. Il y a mieux, et parce que nous sommes libres d'opérer ces jonctions en partant des combinaisons les plus simples, cela nous donne l'assurance de constituer une série beaucoup mieux ordonnée que celle où il faudrait faire appel à la seule expérience, la production des faces cristallines pouvant parfois dépendre de certains caprices extérieurs, capables de masquer plus ou moins les tendances propres du corps cristallisé.

En résumé, la théorie française d'Haüy n'a pas seulement le mérite de la simplicité. Elle va plus loin que l'autre, et pénètre dans ce domaine des causes intimes, dont la doctrine allemande semblait se refuser systématiquement l'accès.

Cependant, il est impossible au génie, quelque grand qu'il soit, de trouver du premier coup la formule définitive. Si, à certains égards, sa puissance de conception devance l'avenir, son édifice doctrinal repose sur des faits, dont une observation plus attentive et mieux outillée enrichira beaucoup le catalogue, en même temps que la définition de quelques-uns d'entre eux pourra s'en trouver modifiée.

C'est ainsi que, dès le temps d'Haüy, la grande loi de symétrie se voyait mise en défaut dans certains cas, assez rares, avait-il semblé d'abord, pour qu'on pût les traiter comme des exceptions accidentelles. Par exemple, plusieurs cristaux, comme ceux de la pyrite de fer, n'offraient que la moitié des faces exigées par la symétrie de leur noyau cubique. D'un autre côté, par sa conception des molécules intégrantes, étroitement juxtaposées et empilées, Hauy semblait admettre, au moins implicitement, la continuité de la matière cristallisée. Or, les cristaux, comme tous les autres corps solides, se dilatent par la chaleur, et se contractent par le froid. Il faut donc qu'entre leurs derniers éléments il subsiste des intervalles susceptibles de variation. Donc, leurs dernières particules ne doivent pas être contiguës.

Faudra-t-il, pour cela, renoncer d'une manière complète à la conception d'Hauy? Mieux inspiré, un élève de ce grand maître, Delafosse, guidé par ce bon sens pratique qu'on nous permettra encore de présenter comme une qualité française, soupçonne que la solution du problème doit se trouver dans une interprétation moins rigoureusement géométrique des faits observés. La loi de symétrie dit que les éléments identiques seront identiquement modifiés. Mais les cristaux ne sont pas de simples polyèdres : ce sont des objets réels et concrets, où l'identité géométrique n'implique pas nécessairement l'identité physique. Au lieu de composer un cube avec des molécules intégrantes cubiques et contiguës, imaginons que les particules aient la forme de tétraèdres réguliers, c'est-à-dire de pyramides à faces de triangles équilatéraux. En les orientant toutes de la même façon, on formera, de ces pyramides, des strates, dont l'empilage pourra donner naissance à un cube ; sans doute il y subsistera des vides, puisque c'est par leurs pointes que les tétraèdres d'une face viendront toucher les bases planes de la strate supérieure. Mais si les éléments sont très petits, les vides seront pratiquement négligeables.

Or, dans ce cas, on voit bien que les deux extrémités d'une arête cubique, suite de tétraèdres empilés, n'ont pas la même signification *physique*, puisque l'une fait apparaître une *base*, et l'autre une *pointe* de pyramide. Donc, il est naturel que ces deux extrémités ne se modifient pas ensemble. Dès lors l'*hémiédrie*, c'est-à-dire la réduction à moitié du nombre des faces admissibles, non seulement n'apparaît plus comme une exception capricieuse, mais s'encadre dans la conception générale, en accusant un lien de plus entre les faits d'observation et la cause profonde qui les détermine.

Ce premier pas une fois franchi, Delafosse est conduit à en faire un autre non moins décisif. Pourquoi, sur une même ligne, les particules intégrantes seraient-elles contiguës? Il suffit qu'elles y soient également espacées. On voit de suite que cet espacement laissera toute latitude à l'accomplissement des variations de volume ; et, en outre, il est aisé de s'assurer que les particules ainsi ordonnées formeront un *réseau de parallélépipèdes*, chaque particule occupant, par son centre de gravité, le sommet de l'un de ses noyaux parallélépipédiques dont la juxtaposition produit l'assemblage. Par ce moyen, les molécules intégrantes d'Haüy n'ont plus qu'une réalité *géométrique*. Elles définissent les lignes maîtresses de l'ordonnance qui préside à l'édifice cristallin ; et la réalité *physique* appartient seulement aux particules non contiguës, dont l'espacement fixe précisément les dimensions du noyau primitif de l'assemblage.

Telle est la première évolution de la doctrine d'Haüy. Sans qu'elle ait rien perdu de sa limpidité, sans que son expression première ait été sensiblement modifiée, la voilà mise en accord avec une nouvelle catégorie de phénomènes, en même temps que disparaît toute contradiction entre la conception fondamentale et la notion de discontinuité de la matière pondérable. C'est à Bravais que reviendra maintenant l'honneur de développer la théorie des assemblages réticulaires ; et d'en tirer toute une série de conséquences fécondes.

Dans ses *Études cristallographiques*, dont la publication a commencé en 1849, Bravais ne s'est pas borné à donner une classification rigoureuse, en même temps qu'une théorie géométrique, aussi élégante que complète, des assemblages réticulaires. Fidèle à l'esprit de ses devanciers, il s'est attaché à faire ressortir la notion de cause, en rattachant plus étroitement que jamais les faits cristallographiques à la nature des éléments des cristaux.

Ceux-ci, par leurs formes géométriques, trahissent l'ordonnance intime dont ces formes sont l'expression extérieure. Mais ils la trahissent encore mieux par la frappante régularité avec laquelle s'y distribuent les propriétés physiques de toute nature. Un fait, commun à tous les cristaux, domine cette disposition. C'est que les propriétés physiques, variables avec les directions suivies, sont identiques pour toutes les directions parallèles, quel qu'en soit le point de départ. Or ces propriétés, dans un corps qui a passé lentement de l'état fluide à l'état solide, ne peuvent dépendre que de l'arrangement des particules matérielles. Celui-ci obéit donc à la même loi, c'est-à-dire que, variable avec les directions, il est le même pour toutes les lignes parallèles. On en déduit sans peine, d'une part, que, sur une direction donnée, les particules matérielles doivent être équidistantes; d'autre part, que toutes ensemble occupent, par leurs centres de gravité, les *nœuds* ou sommets d'un assemblage réticulaire, c'est-à-dire formé de parallélépipèdes égaux et régulièrement juxtaposés.

Or la symétrie, dans un système réticulaire, est assujettie à des conditions spéciales. Elle n'obéit pas seulement aux lois générales qui gouvernent la symétrie de tous les polyèdres géométriques, et que Bravais s'attache à définir exactement. La forme parallélépipédique de l'assemblage impose des sujétions particulières, par suite desquelles les seuls axes de symétrie admissibles sont ceux de l'ordre 2, 3, 4 ou 6. Examinant alors quelles combinaisons ces axes et les plans de symétrie peuvent former entre eux, Bravais démontre qu'elles engendrent sept groupes distincts, qui sont précisément ceux qu'Hauy avait définis (le système ternaire ou rhomboédrique étant séparé du système hexagonal). Il y a donc une remarquable concordance entre les résultats de l'observation, et ceux de la théorie. Pour la première fois, on aperçoit nettement la cause qui limite de façon si étroite le genre de la symétrie dans les cristaux. Pour la première fois, aussi, apparaît la raison profonde de ce fait si frappant, qu'il n'existe pas de cristaux dont la symétrie soit coordonnée autour du nombre 5, alors que cette ordonnance est si fréquente dans le règne organique, notamment pour les échynodermes. C'est que la symétrie *quinaire* est absolument incompatible avec les conditions géométriques des assemblages parallélépipédiques.

Mais pourquoi, parmi les variétés, au nombre de sept, que peuvent offrir les systèmes réticulaires, un corps donné choisit-il toujours la même? C'est qu'évidemment une raison d'équilibre mécanique propre à la substance domine ce choix ; et cette raison ne peut être logiquement cherchée que dans la forme même des éléments du cristal. Si ces éléments ont une symétrie propre, leur équilibre sera le mieux assuré quand cette symétrie sera d'accord avec celle du réseau choisi. Supposer les particules sphériques ou agissant comme telles, c'est enlever toute cause raisonnable à l'adoption d'un genre de symétrie réticulaire de préférence à tout autre.

Ce principe une fois admis, on entrevoit de suite une conséquence capitale. Puisqu'il n'existe que sept variétés de systèmes réticulaires, un corps qui cristallise est forcé d'opter en faveur de l'une d'elles, vraisemblablement de celle avec laquelle il a le plus d'éléments communs. Mais la particule cristalline, dont la forme détermine ce choix, n'est pas un parallélépipède. Les lois qui régissent sa symétrie sont beaucoup moins étroites. Elle peut posséder des éléments auxquels les assemblages réticulaires n'aient pas droit, comme aussi elle peut ne contenir qu'une partie des éléments de symétrie du système choisi. Il y aura donc deux cas à considérer dans la cristallisation ; ou bien la particule est pleinement satisfaite par le système adopté ; ou elle n'est que partiellement en harmonie avec lui.

Dans le premier cas, une forme cristalline se présentera toujours avec la totalité des faces que fait prévoir la symétrie géométrique du réseau. Elle sera donc *holoédrique*. Dans le second cas, une partie seulement des faces géométriquement admissibles se produira, celles qui sont commandées par les éléments communs au système et à la particule. La forme sera incomplète ou *mériédrique* (1).

Pour savoir quelles variétés comporte ce second cas, évidemment le plus fréquent de tous, puisque c'est par exception seulement

(1) Le mot de *méroédrique*, employé en Allemagne, semble plus conforme à l'étymologie.

qu'un polyèdre moléculaire se trouvera en harmonie complète avec un système réticulaire, il suffit de rechercher suivant quelles lois peut se produire le désaccord entre les deux symétries. Bravais résout le problème dans une analyse qui restera comme un modèle de lumineuse élégance, et du coup voilà classés, dans un ordre logique, tous les genres, jusque-là réputés indépendants, de formes mériédriques, alors que la cristallographie allemande avait dû se borner à en dresser le catalogue, sans pouvoir établir aucun lien entre eux, comme s'ils correspondaient à autant de fantaisies de la nature, cherchant à échapper, par des moyens divers, aux lois fondamentales de la cristallisation. Ainsi, plus de *parahémiédrie*, d'*antihémiédrie*, d'*énantiomorphisme* ni d'*hémimorphisme*, mais une chaîne parfaitement rationnelle de dérivations, dont chaque anneau trahit ce qui manque à la particule pour que sa symétrie soit pleinement d'accord avec celle du réseau. Et cette chaîne est si complète, qu'elle prévoit des combinaisons encore inconnues dont, quelques années plus tard, l'expérience apportera la confirmation.

En même temps, la théorie montre pourquoi la généralité du phénomène avait si complètement échappé aux premiers observateurs. C'est que la réduction qui accuse la mériédrie ne peut faire sentir son plein effet que sur les formes dont les éléments ne sont ni parallèles, ni perpendiculaires aux axes de symétrie. Or, ces formes sont justement celles qui ont le moins de chances de se produire, parce que leurs faces sont moins chargées que les autres de centres moléculaires, ainsi qu'il est aisé de le calculer. La nature, toujours fidèle au principe de la moindre action, produit le plus volontiers les formes qui résisteront le mieux à la destruction parce que, sur leurs faces, les particules se montrent plus étroitement serrées. Mais ces formes ne réclament, pour leur génération, qu'une partie des éléments de symétrie du réseau. Si cette partie est justement celle qui est respectée dans le polyèdre moléculaire, il n'y aura pas de réduction du nombre des faces, et la mériédrie demeurera latente.

La théorie de Bravais est si séduisante, elle complète si heureusement l'édifice des Haüy et des Delafosse, qu'elle a fini par s'imposer à notre enseignement, surtout à partir du moment où on a réussi à en simplifier l'exposé que, par une sorte de coquetterie de géomètre, l'auteur avait enveloppé d'un appareil un peu rébarbatif pour des commençants. Mallard est de ceux qui s'y sont appliqués avec le plus de succès, et la cause qu'il défendait a pu sembler définitivement gagnée, lorsque ce savant, dans une suite de recherches mémorables, a montré qu'on pouvait rattacher à la doctrine de Bravais toute une série de phénomènes nouveaux qui, au premier abord, avaient paru la mettre en échec.

En effet, au moment même où se terminait la carrière de Bravais, l'introduction des méthodes optiques et leur application à l'examen des plaques minces en lumière polarisée venaient mettre un nouveau sens à la disposition des minéralogistes. Mais cette conquête nouvelle ne marchait pas sans surprises, et à chaque instant on rencontrait des cas de désaccord entre la théorie et l'expérience. Une substance de symétrie cubique, qui aurait dû être optiquement isotrope, manifestait une biréfringence incontestable ; telle autre était optiquement biaxe, quand sa cristallisation ne laissait prévoir qu'un seul axe. C'est alors que, dans son mémoire sur les Anomalies optiques, Mallard fit voir que les cristaux anomaux n'étaient pas homogènes : qu'ils se composaient de parties distinctes, de symétrie inférieure à celle de l'ensemble, mais groupées de façon à composer, par leur arrangement, un édifice plus symétrique que ses éléments constituants.

Il restait à découvrir la cause de ce groupement. Le plus souvent, l'étude attentive des parties associées révélait chez elles une symétrie, à la vérité d'espèce inférieure, mais peu éloignée de ce qui convenait à un degré plus élevé. Déjà Pasteur avait appelé l'attention des minéralogistes sur ce qu'il appelait les *formes-limites*, en montrant que, quand une espèce minérale est *dimorphe*, c'est-à-dire susceptible de donner naissance à des cristaux appartenant à deux systèmes distincts, la forme la plus symétrique est une forme-limite ou approchée de l'autre, en ce sens que, dans cette dernière, les directions et les paramètres des axes s'approchent des valeurs qui conviennent à la première.

Élargissant cette notion de *symétrie-limite*, pour l'appliquer non plus seulement aux cristaux mais aux assemblages réticulaires, Mallard va la rendre infiniment féconde et en tirer d'importantes conséquences, qui lui serviront à expliquer, non seulement les anomalies optiques, mais un bon nombre des associations connues sous le nom de *macles*. Ces dernières consistent en général dans l'accolement de deux cristaux, laissant entre eux un angle rentrant. Dans quelques-unes, il y a pénétration mutuelle des éléments de la macle, qui s'enchevêtrent plus ou moins l'un dans l'autre.

Depuis longtemps la sagacité des cristallographes s'exerçait sur ce sujet. Bravais l'avait abordé avec sa hauteur de vues habituelle, mais sans en donner une solution complète. D'autres s'étaient bornés à classer les macles par catégories, suivant la nature des mouvements qu'il convenait d'imaginer pour amener en coïncidence les réseaux des deux cristaux accolés. Sur un point du moins, tous s'accordaient : c'était pour reconnaître que l'effet ordinaire des macles était de procurer, à l'ensemble des individus associés, une symétrie supérieure à celle de chacun d'eux.

Ici, on voyait deux cristaux d'Albite, l'un et l'autre dépourvus de symétrie, s'accoler suivant une face commune, mais en se tournant réciproquement de telle sorte, que l'ensemble avait pour plan de symétrie la face de jonction.

Souvent même, la macle se répétait un grand nombre de fois, les cristaux composants se réduisant en lamelles, de plus en plus fines, de sorte que leur association finissait par constituer un individu monoclinique. Ailleurs c'était la *croisette* de Bretagne, c'est-à-dire l'association en croix grecque de deux cristaux de Staurotide, individuellement plus longs que larges, mais engendrant, par leur croisement, un cristal équilibré suivant deux directions rectangulaires. Enfin, dans la Christianite, cet équilibre trouvait moyen de se réaliser suivant trois axes à angle droit, par la combinaison de deux macles semblables ; après quoi on voyait les trois pointements se raccourcir jusqu'à disparition complète des angles rentrants, ne laissant plus apparaître au dehors que douze losanges, identiques d'apparence avec ceux qui limitent le dodécaèdre rhomboïdal du système cubique. D'autres fois, dans la macle de la *Croix de fer*, deux dodécaèdres pentagonaux de Pyrite, c'est-à-dire deux formes hémiédriques, s'enchevêtraient avec une telle régularité, que la partie commune aux deux cristaux reconstituait le cube pyramidé holoédrique, dont chacun représentait la réduction à moitié.

Dans tous ces exemples, le gain de symétrie réalisé par la macle ne pouvait faire de doute. Or la symétrie d'un édifice naturel est le gage extérieur de sa stabilité, car mieux la disposition est équilibrée relativement aux diverses directions de l'espace, et plus l'édifice a de chances de résister aux agents extérieurs de destruction. On comprend donc que, si quelque arrangement peut procurer à un corps un degré de symétrie plus élevé, une simple raison d'équilibre mécanique doive le porter à réaliser cette disposition favorable.

Nulle part la recherche de cet équilibre n'éclate mieux que dans la double macle de la Christianite, dont nous venons de parler. Quoi de plus typique que ce raccourcissement systématique des trois branches, se ramassant sur elles-mêmes, se *pelotonnant*, oserons-nous dire, de façon que la macle n'offre plus que des angles saillants, en même temps que, de toutes les formes régulières, elle choisit celle qui diffère le moins d'une sphère, l'idéal des polyèdres en fait de résistance vis-à-vis du dehors !

Encore faut-il cependant que cette réalisation d'un arrangement favorable puisse être obtenue avec le minimum d'effort. C'est ici que Mallard fait intervenir avec succès la symétrie-limite. Supposons qu'il existe, dans le réseau d'une substance, un axe-limite d'ordre ternaire, c'est-à-dire tel qu'une rotation de 120 degrés autour de cette ligne ramène presque exactement en coïncidence les éléments du réseau cristallin. Cela suffira pour que trois cristaux de l'espèce s'associent autour de l'axe en question, chacun prenant une des orientations que déterminerait une symétrie ternaire parfaite. De cette façon, l'ensemble des trois cristaux sera plus voisin du réseau ternaire que ne l'était chacun d'eux individuellement, et par cela même le groupement aura gagné en stabilité.

Tel est le cas de l'Aragonite, et une explication semblable paraît convenir à un grand nombre de macles. Toujours la recherche d'un groupement plus stable, qui n'est elle-même qu'une application du principe de la moindre action, y est facilitée par le fait que la symétrie du réseau diffère peu de ce qui conviendrait à un degré plus élevé. La symétrie-limite apparaît donc comme une propriété générale et protectrice des édifices cristallins.

C'est de la même façon que, dans certaines variétés de Grenat, malgré une concordance absolue de la forme extérieure avec celle du dodécaèdre rhomboïdal du système cubique, l'étude optique révèle que chaque face se décompose en quatre triangles biréfringents. Chacun d'eux est la base d'une pyramide biaxe, mais de symétrie-limite quasi-cubique. Grâce à cette circonstance, l'angle au sommet de la pyramide se trouve tel, que si quarante-huit de ces polyèdres se groupent autour d'un même point, tout l'espace se trouvera rempli, en même temps que l'enveloppe extérieure sera un dodécaèdre presque parfait.

Une troupe assaillie par un ennemi supérieur se forme en carré, aux angles abattus, parce qu'elle n'a besoin de résister que dans le plan où se produit l'attaque. Les cristaux de grenat font mieux. Menacés dans toutes les directions de l'espace, ils se rassemblent autour d'un point, offrant partout la même résistance.

parce qu'il ne reste plus entre eux que des vides insignifiants. On dirait d'une ingénieuse *tricherie*, par laquelle une espèce parvient à dissimuler ce qui lui manque pour conquérir un degré supérieur de stabilité.

La généralité de ces combinaisons une fois constatée, ce ne sera plus s'aventurer avec excès que de se demander si vraiment les différences entre les réseaux cristallins, suivant les espèces, ont bien toute l'importance qu'on a coutume d'y attribuer. En se fondant sur les formes extérieures dominantes, on a tout naturellement classé tel corps dans le système hexagonal, et tel autre dans le système rhombique, tandis qu'un troisième était communément regardé comme cubique. Mais cette différence peut être plus apparente que réelle, et Mallard fait voir en effet que les paramètres caractéristiques de ces espèces sont faciles à ramener les uns aux autres, au besoin à l'aide d'une transformation qui consiste à multiplier quelques-uns d'entre eux par des nombres très simples. Alors apparaît, dans tous les trois, une symétrie extrêmement voisine de celle du cube.

Mais ceci, dira-t-on, est une vue de l'esprit; et cette assimilation, obtenue à l'aide d'un artifice de notation, ne se justifie pas par une expérience directe. Attendons! voici venir la célèbre notion de l'isomorphisme, qui va donner une base réelle à la nouvelle conception.

On sait que deux substances sont dites *isomorphes* lorsqu'elles peuvent s'associer ensemble *en toutes proportions*, pour donner naissance à des cristaux homogènes. Ainsi les trois sulfates de magnésie, de zinc et de fer, une fois mélangés, peuvent engendrer des cristaux où les quantités relatives de fer, de zinc et de magnésie ne sont pas assujetties à la loi des proportions définies, qui règle toutes les combinaisons chimiques. Il faut donc admettre que ces trois substances se substituent indifféremment les unes aux autres, sans qu'il en résulte aucun trouble dans l'arrangement de l'édifice.

Dans l'exemple choisi, la chose paraît s'expliquer sans difficulté ; car les trois sulfates, pris isolément, engendreraient des cristaux presque complètement identiques. On comprend donc que leurs polyèdres moléculaires puissent être admis, au même titre, à l'édification d'un assemblage réticulaire unique.

Mais il n'en va pas de même quand l'expérience enseigne qu'on peut faire cristalliser ensemble, en toutes proportions, le chlorate de soude cubique, le chlorate de potasse monoclinique et l'azotate de soude rhomboédrique. Comment ces trois noyaux, de symétrie incompatible, pourraient-ils se substituer les uns aux autres sur les nœuds d'un même réseau? Ici vraiment la tolérance de la nature semble passer les bornes.

Cependant l'anomalie va disparaître, si nous examinons plus attentivement les cristaux eux-mêmes. Nous remarquerons alors que leur système cristallin est si peu fixe, qu'il change avec la température. Cela donne l'idée de comparer leurs paramètres avec ceux du système cubique. Tantôt la presque identité des chiffres saute aux yeux du premier coup; tantôt elle devient évidente après multiplication par des facteurs simples. Donc, la symétrie apparente de ces sels isomorphes nous trompait sur la vraie nature de leur réseau. S'il n'est pas rigoureusement cubique, il s'en faut du moins de bien peu.

La même constatation peut se faire sur un grand nombre de substances, appartenant aux groupes chimiques les plus divers, si bien qu'on en arrive à reconnaître, avec Mallard, que tous les corps, sans exception, doivent posséder un réseau cristallin très voisin de l'assemblage cubique.

Cette conclusion n'a rien que de très naturel, et concorde avec une foule de résultats d'expérience. On sait que les planètes, comme leurs orbites, ont en réalité une forme elliptique. Cependant l'excentricité de ces ellipses est si faible, qu'un œil exercé, non armé d'un appareil micrométrique, ne saurait les distinguer de cercles parfaits. De même, les propriétés physiques des différents corps, conductibilité calorifique, conductibilité optique, etc., s'expriment par des ellipsoïdes à trois axes. Mais les trois axes sont si peu différents que, représenté par un dessin à l'échelle, chaque ellipsoïde fait l'effet d'une sphère.

On comprend donc que si, théoriquement, les parallélépipèdes qui forment les noyaux des assemblages oscillent depuis le cube jusqu'au prisme doublement oblique, ce dernier puisse, dans la plupart des cas, n'être qu'un cube légèrement déformé dans tous les sens. Mais comme sa symétrie est déterminée par celle de la particule matérielle qui s'y adapte, la conclusion rejaillit sur cette dernière. D'où il résulte que toutes les particules élémentaires des cristaux jouiraient d'une forme peu éloignée de ce qui convient à une symétrie cubique.

Là encore, il sera permis d'apercevoir une conséquence du principe de la moindre action ; car si, à chaque particule cristalline, on substitue la sphère qui représente son rayon d'activité, la combinaison la plus simple est celle qui permettra à toutes les sphères de s'empiler de manière à occuper le minimum d'espace. Or cet arrangement, qui est celui d'une pile de boulets, se résume dans la formation d'un réseau d'octaèdres réguliers, c'est-à-dire doué de symétrie cubique.

A côté de l'isomorphisme, un autre phénomène apparaît, qui en offre l'exacte contre-partie, c'est le *polymorphisme*, c'est-à-dire la propriété que représentent certaines substances, de revêtir, sans changement de densité ni de propriétés chimiques, des formes cristallines incompatibles. Tel le bisulfure de fer, cubique avec la Pyrite, rhombique avec la Sperkise ; tel l'oxyde de titane, quadratique, mais de deux façons différentes, avec le Rutile et l'Anatase, tandis qu'il est rhombique avec la Brookite, etc. Déjà Pasteur a projeté sur cette bizarrerie apparente un rayon de lumière, par la considération des *formes-limites*, en faisant voir que les formes les moins symétriques d'un minéral polymorphe tendent vers les plus symétriques comme vers une limite. Dans cette même voie, Mallard cherche à montrer qu'il s'agit là de groupements, analogues à ceux des corps à symétrie-limite, et qui ne donnent pas des résultats identiques, parce qu'ils correspondent d'ordinaire à des températures de formation différentes. Complètement enchevêtrés l'un dans l'autre, les éléments du groupement fournissent l'une des variétés du corps polymorphe; plus localisés dans certaines parties, ils en donnent une autre, et la chaleur, en modifiant cet arrangement, peut opérer le passage de la première variété à la seconde.

Ainsi l'ordre apparaît partout, même dans les phénomènes qui semblaient contradictoires avec les lois régulières de la cristallisation, et autour de l'idée de symétrie-limite s'introduit une impression générale d'harmonie, tendant à effacer les distinctions tranchées qu'un premier examen avait conduit à établir entre les manifestations de l'état cristallin.

En résumé, sans renoncer au principe de la théorie de Bravais, et en y ajoutant seulement la notion de symétrie-limite, Mallard a éclairé d'une vive lumière des problèmes de toute nature, dont plus d'un semblait posé, à l'origine, de manière à mettre en échec la doctrine des réseaux. Et, de ces problèmes, il a donné des solutions éminemment philosophiques, qui révèlent, dans la matière cristallisée, des propriétés où la grande notion de l'ordre se manifeste dans tout son éclat.

Comment donc se fait-il qu'au lieu d'entraîner une adhésion universelle, les belles théories de Mallard aient rencontré, surtout en Allemagne, une opposition qui les a fait presque entièrement abandonner ? C'est ce qu'il nous reste maintenant à examiner.

Ce qui domine toute la théorie de Bravais, c'est l'idée, essentiellement rationnelle, que la symétrie d'un cristal doit avoir sa raison d'être dans les conditions intrinsèques de forme de la substance qui cristallise. Chose singulière ! une conception aussi logique semble avoir rencontré, chez les cristallographes de l'école allemande, une répugnance invincible. Ils se sont fait un devoir d'y échapper autant que possible, comme si c'était une hypothèse discutable, et leur rêve a toujours été de fonder l'édifice doctrinal de la cristallographie sur des considérations purement géométriques, où la structure du cristal soit envisagée pour elle-même, et sans aucun égard à la cause qui la produit.

A cette répugnance naturelle se joignait une raison plus plausible, tirée de la forme, à vrai dire défectueuse, sous laquelle le rapport entre la structure et la substance était présenté par Bravais et ses continuateurs. Nous l'avons déjà dit : il est bien rare qu'une idée féconde puisse revêtir du premier coup son expression définitive. A l'époque où Bravais publiait ses recherches, c'est-à-dire au moment où la théorie atomique prenait enfin pied dans la chimie, il semblait tout naturel d'envisager la molécule chimique comme l'élément fondamental des corps cristallisés. On pouvait se croire autorisé à représenter cette molécule comme un polyèdre, dont les sommets étaient des atomes simples. Dans l'acte de la cristallisation, les polyèdres moléculaires devaient tout d'abord satisfaire à cette condition, que leurs centres de gravité vinssent se placer sur les nœuds d'un assemblage réticulaire. Ensuite, puisque tous les centres de gravité étaient des points homologues, toute ligne, tirée de l'un deux et aboutissant à un sommet atomique, avait nécessairement son homologue dans les autres polyèdres, en vertu du principe expérimental de l'égale constitution des milieux cristallisés suivant les directions parallèles. Il en résultait que *tous les polyèdres moléculaires devaient avoir la même orientation*. Une telle conclusion était d'autant moins propre à exciter quelque défiance, qu'elle semblait implicitement exigée par les conditions d'équilibre mécanique du milieu.

De cette manière, un cristal homogène apparaissait comme un édifice réticulaire simple, dont tous les nœuds étaient occupés par les centres de gravité de polyèdres moléculaires, tous identiques et semblablement orientés.

A la vérité, Mallard avait fait remarquer que certains phénomènes, tels que la polarisation rotatoire, semblaient exiger la présence, sur une même rangée, de molécules dont les orientations alterneraient de trois en trois, de quatre en quatre, etc. Mais il lui paraissait suffisant de réunir ces molécules par groupes complexes, comprenant chacun toutes les orientations admissibles, ce qui l'autorisait à signaler l'analogie de ce groupement avec les phénomènes de *polymérisation*, connus en chimie. C'était donc une exception, et, d'autre part, si l'orientation des molécules pouvait ainsi varier, du moins leur identité n'était pas mise en question.

Cependant, l'observation nous montre que certaines substances ont la faculté de donner, suivant les circonstances, des cristaux qui ne sont pas superposables. Les uns sont *droits*, les autres *gauches*, et leurs relations mutuelles sont celles d'un objet avec son image réfléchie par un miroir. Ces cristaux, dont l'étude a été l'un des premiers titres de gloire de Pasteur, peuvent d'ailleurs se produire ou séparément ou ensemble ; et l'exemple bien connu du quartz montre que les parties droites et gauches sont susceptibles de s'enchevêtrer de diverses façons. Il faut donc, pour qu'une théorie cristallographique soit complète, qu'elle admette l'existence simultanée, non seulement de polyèdres élémentaires d'orientations diverses, mais de polyèdres non superposables. Même, cette conclusion semble nécessaire pour les édifices pourvus de centre et de plans de symétrie, car deux objets symétriques relativement à de tels éléments, sont forcément inverses et non superposables.

Partant de ces considérations, divers savants, notamment MM. L. Sohncke, Schoenflies, von Fedorow, Curie, etc., se sont proposé le problème suivant : Rechercher toutes les combinaisons d'objets régulièrement distribués, dans un espace indéfini, qui sont compatibles avec les exigences de l'homogénéité cristalline. C'est une question de haute géométrie, qui a déjà fait, en 1869, l'objet d'une étude de M. Camille Jordan sur les *Groupes de mouvements*.

En abordant ce problème, on reconnaît de suite qu'il est nécessaire d'élargir les conditions de la symétrie, telles que les avait posées Bravais. Dans les assemblages réticulaires de ce savant, tous les nœuds sont des centres de symétrie. En outre, il y a des axes de symétrie, qui peuvent être d'ordre 2, 3, 4 ou 6 ; enfin des plans de symétrie, dont chacun sépare deux moitiés, se correspondant l'une à l'autre comme un objet et son image réfléchie par le plan. L'assemblage, supposé indéfini, est toujours ramené en coïncidence avec lui-même par une rotation, de l'angle convenable, autour de l'un de ses axes de symétrie.

Il n'en est plus de même si les objets dont il s'agit d'étudier la distribution régulière peuvent varier de forme ou d'orientation. Chaque nature d'objet, envisagée avec chacune de ses orientations admissibles, constitue une unité *sui generis* qui, considérée seule, se répète périodiquement dans le milieu cristallin, engendrant ainsi un assemblage réticulaire spécial, conforme aux réseaux de Bravais. Si, de cette unité, on veut passer à celles d'une autre catégorie, il ne suffira plus de faire subir à l'ensemble du cristal une translation ou une rotation. Les mouvements qui permettront à cet ensemble de se recouvrir lui-même seront nécessairement plus compliqués, puisqu'il faudra, par exemple, que certaines unités pivotent sur elles-mêmes pour pouvoir, après la translation, se superposer à celles qui n'en diffèrent que par leur orientation.

L'analyse géométrique montre que, dans ce cas, il doit y avoir des rotations *hélicoïdales*, la rotation habituelle autour d'un axe de symétrie étant accompagnée d'une translation suivant cet axe, comme il arrive pour le mouvement d'une vis. Il peut exister aussi, à côté des plans de symétrie ordinaires, des *plans de glissement* ou *de symétrie translatoire*, c'est-à-dire tels que la symétrie qu'ils déterminent ne soit satisfaite que moyennant un glissement de ces plans sur eux-mêmes. C'est seulement après cette translation, définie en grandeur et en direction, que la moitié de gauche trouve à droite sa symétrique.

Pour donner une idée de la complication qui peut résulter de cette extension de la notion des assemblages homogènes, il suffira de dire que la suite des théorèmes géométriques néces saires à la solution du problème occupe *six cents* pages dans l'ouvrage de M. Schoenflies, et que cet auteur évalue à *deux cent trente* le nombre des combinaisons admissibles, tandis que M. Sohncke se bornait à en considérer *soixante-dix*. Pour l'un comme pour l'autre, d'ailleurs, ces combinaisons complexes se répartissent entre *trente-deux* groupes principaux de symétrie, dont *sept* groupes holoédriques, correspondant aux réseaux de Bravais, et le reste s'appliquant aux structures mériédriques. A ce point de vue, et fidèle à l'ordre d'idées qui a jusqu'ici prévalu parmi leurs compatriotes, MM. Sohncke et Schoenflies n'ont pas manqué de signaler, comme un mérite de la nouvelle théorie, la ressource qu'elle offre de voir, dans les formes mériédriques, de simples variétés de *structure*, sans aucune hypothèse sur la *forme* des éléments composants. Étrange disposition, qui, dans l'étude d'une science naturelle comme la cristallographie, regarde comme un succès de pouvoir perdre entièrement de vue la considération de la nature réelle et concrète !

Si la nouvelle conception n'avait d'autre inconvénient que d'obliger les minéralogistes, désireux de s'initier à la cristallographie, à dépenser d'abord presque une année de leur temps dans des exercices de pure géométrie, il faudrait encore savoir s'y résigner, pour obtenir l'avantage de donner une base rationnelle aux démonstrations.

On pourrait d'ailleurs, comme pis aller,

recevoir des mains du mathématicien la classification des assemblages et se borner à en faire l'application. Mais nous prétendons montrer que cet attirail peut être laissé de côté par les cristallographes, et que, au moins dans l'immense majorité des cas, ceux-ci ont avantage à se contenter des réseaux de Bravais, à la condition d'introduire, dans la formule de ce savant, une modification très simple, indiquée par M. F. Wallerant, dans ses remarquables études sur les anomalies optiques et les groupements cristallins.

Tout d'abord, nous remarquerons que, le nombre des catégories d'unités qu'on peut distinguer dans un milieu homogène étant forcément limité, l'ensemble de ces unités constitue un groupe destiné à se répéter périodiquement. Chacune des unités de ce groupe a son réseau géométrique propre, ne différant de celui d'une autre unité voisine que par sa position dans l'espace, et pouvant être ramené en coïncidence avec lui par une simple translation suivant la ligne qui joint les centres des deux unités. Par conséquent l'assemblage complexe celui auquel seul s'applique la notion des axes hélicoïdaux et des plans de glissement, résulte comme le reconnaît d'ailleurs M. Schoenflies de l'enchevêtrement de *réseaux congruents* qui se pénètrent les uns les autres, leur nombre étant égal à celui des catégories distinctes d'unités composantes. L'édifice ainsi engendré peut se partager en fractions identiques, dont chacune a ses éléments distribués de la même façon autour de l'un d'entre eux choisi comme centre ; et tous ces points centraux, identiques entre eux, forment ensemble un réseau normal de Bravais.

Cela revient simplement à prendre, pour point de départ de la théorie, non plus le polyèdre moléculaire, mais la partie du corps cristallisé qui, renfermant un représentant de chacune des unités distinctes, gravite autour de chaque point central.

En d'autres termes, partout où Bravais et ses continuateurs parlaient de *molécules* ou de *polyèdres moléculaires*, il suffit de substituer le mot de *particules complexes*, entendu comme il suit :

Dans sa théorie générale des groupements réguliers, M. Schoenflies a été amené à introduire la considération d'un élément qu'il appel le *domaine fondamental*. C'est la partie de l'espace cristallin dans l'intérieur de laquelle il n'existe *aucun organe de symétrie*, et où par conséquent tout point réel du milieu est seul de sa nature, en même temps que ce domaine contient à coup sûr un représentant de tous les éléments distincts que le milieu comporte. En se répétant autour des organes de symétrie qui en limitent le contour, ce domaine en engendre d'autres et le tout constitue un ensemble symétrique, le *domaine complexe*.

Or supposons qu'un domaine fondamental, choisi comme le lieu de la partie initiale d'un cristal, contienne dans son intérieur une particule cristalline concrète, à l'égard de laquelle nous n'avons besoin de faire aucune hypothèse, et qui sera la *particule fondamentale* de M. Wallerant. Celle-ci, par rotation autour des axes de symétrie du domaine complexe, donnera des particules superposables à la première, mais pouvant différer d'orientation. Les plans de symétrie en donneront d'autres, inverses de la première ; et le tout ensemble, occupant le domaine complexe, constituera *la particule complexe*, élément initial et individuel, non de la substance, mais du *corps cristallisé*.

Les particules complexes, ainsi définies, seront toutes orientées de la même façon, et auront leurs centres de gravité disposés sur les nœuds d'un réseau de Bravais ; et cela en vertu de l'expérience qui nous révèle l'identité des propriétés physiques des cristaux en tous les points. C'était sans droit que cette loi expérimentale avait été étendue aux intervalles *intermoléculaires*, beaucoup trop petits pour être accessibles à l'observation ; et voilà pourquoi on pouvait taxer de conception fautive celle qui consistait à attribuer la même orientation à toutes les molécules. Quand nous disons, l'expérience en mains, que tous les points d'un cristal sont identiques, ce que nous considérons, ce ne sont pas des points géométriques, ni même des centres moléculaires, ce sont des *éléments de volume autour d'un point*. Selon toute vraisemblance, ces éléments renferment un grand nombre de centres moléculaires, et c'est la moyenne des propriétés de ce groupe qui nous apparaît comme constante.

Or il est parfaitement permis de penser que la *particule complexe*, telle que nous l'avons définie, est de l'ordre de ces réalités observables : car elle résulte du groupement symétrique de plusieurs particules fondamentales, lont chacune doit être un agrégat de molécules chimiques en plus ou moins grand nombre. Donc c'est à elle que s'applique le principe expérimental qui sert de base à toute la théorie cristallographique, et le devoir de s'en tenir à cet élément est d'autant plus étroit, qu'à vouloir chercher ce qui se cache dessous, nous tomberions forcément dans l'hypothèse, puisqu'il s'agit de choses sur lesquelles l'observation directe n'a plus de prise.

Un autre avantage de cette conception est de nous faire entrevoir le phénomène de la cristallisation sous un jour nouveau, et d'ailleurs beaucoup plus conforme aux enseignements de la physique et de la chimie.

Dans l'ancienne manière de voir, il pouvait, devait même sembler que la molécule chimique, polyèdre aux sommets définis par les atomes, fût l'élément commun des trois états, gazeux, liquide et solide, d'un même corps. Par suite, la cristallisation eût simplement consisté dans l'alignement des polyèdres moléculaires sur les nœuds d'un réseau, combiné avec une rotation de ces polyèdres autour de leur centre de gravité, jusqu'à ce que tous eussent pris l'orientation la plus conforme à l'équilibre du système.

Il n'en est plus ainsi avec la *particule com-*

plexe. Celle-ci est un édifice dont la formation doit être le premier acte de la cristallisation ; et cette formation doit être précédée par celle des *particules fondamentales*, dont chacune, nous venons de le dire, est très vraisemblablement elle-même un agrégat de molécules chimiques. Ne sait-on pas, en effet, que la densité de la vapeur de soufre augmente quand sa température baisse, ce qui n'est explicable que si cette vapeur, à basse température, résulte d'une condensation de molécules qu'une plus grande chaleur aurait dissociées ? A plus forte raison est-il logique d'admettre que le dernier élément du soufre liquide soit un groupe moléculaire encore plus compliqué, et que cette complication doive s'accroître dans le soufre solide, amorphe ou cristallin, et ainsi pour tous les autres corps.

De plus, ce n'est pas seulement par un plus grand état de condensation que se distinguerait l'état cristallin : c'est aussi et surtout par cette sorte d'organisation géométrique qui engendrerait la particule complexe. On s'expliquerait par là qu'il paraisse y avoir, ainsi que M. Tammann a cherché à le démontrer, une discontinuité complète entre l'état amorphe et l'état cristallin, tandis qu'il y a continuité entre l'état liquide et l'état gazeux au delà du point critique.

Bien d'autres considérations intéressantes pourraient être rattachées à cette notion des particules complexes. Par exemple, les *liquides cristallisés*, comme ceux que MM. Lehmann et

Reinitzer ont étudiés, ne montreraient-ils pas, au voisinage de leur point de solidification, une formation anticipée des édifices complexes ? Une propriété analogue ne pourrait-elle pas expliquer le pouvoir rotatoire des dissolutions ? Ce qui est certain, c'est que, d'après l'explication que M. Wallerant a donnée de ce qu'on appelait les anomalies optiques, l'allure optique d'un cristal est déterminée *non par son réseau, mais par sa particule*. Celle-ci est déjà un milieu spécifié, en ce qui concerne l'élasticité de l'éther suivant les diverses directions, et, à cet égard, le réseau peut être en contradiction avec la particule sans que les propriétés définies par cette dernière s'en trouvent modifiées. Donc, si les circonstances permettent à celle-ci de se former avant la constitution définitive du cristal, le milieu liquide où elle préexiste pourra très bien différer d'un milieu isotrope.

Quoi qu'il en soit, sans nous aventurer davantage dans ces considérations, peut-être prématurées, il doit nous suffire d'avoir montré que la particule complexe est le seul élément duquel on puisse partir avec sécurité pour l'établissement d'une doctrine cristallographique ; et puisque l'identité d'orientation de telles particules ne saurait faire de doute dans un cristal homogène, la théorie si simple du réseau de Bravais doit suffire à l'enseignement. Dans un seul cas, celui de la polarisation rotatoire, il y aura lieu de faire observer que les éléments fondamentaux peuvent se superposer, avec des orientations alternantes, sur une même rangée, et que des files d'éléments droits peuvent coexister avec d'autres, occupées par des éléments gauches. Encore s'agira-t-il d'une *structure propre au polyèdre complexe*, mais qu'il est inutile de vouloir faire dériver de la *structure générale de l'assemblage cristallin* ; car de même que celle-ci peut être sans influence sur la biréfringence, il n'y a pas de raison pour qu'on lui attribue, en matière de polarisation rotatoire, la cause d'un phénomène que les liquides eux-mêmes sont parfois capables de manifester.

Ainsi, dans tout l'exposé des structures cristallographiques, les théories de Bravais suffiront, et il sera permis de s'affranchir des exigences d'une doctrine assurément plus générale au point de vue mathématique, mais destinée, par sa complication, à rester dans le domaine des purs géomètres. Et de cette manière, la satisfaction d'établir eux-mêmes la série rationnelle de leurs principes pourra être laissée aux cristallographes, sans exiger d'eux un effort disproportionné avec le but poursuivi.

Voilà donc un nouveau pas en avant dans l'évolution de la doctrine cristallographique inspirée des travaux d'Haüy. Un premier progrès avait consisté à remplacer la notion des molécules intégrantes par celle de la disposition réticulaire des centres de gravité. Dans une seconde étape, Bravais avait réussi à donner la clef des structures mériédriques. Ensuite la conception de la symétrie-limite avait fourni à

Mallard le moyen de rattacher, à la théorie même de Bravais, des phénomènes qui semblaient faits pour l'ébranler. Enfin voici qu'avec les particules complexes, M. Wallerant rajeunit la doctrine en lui permettant de serrer de plus près encore la réalité des phénomènes.

Cela veut-il dire que, moyennant l'introduction de cette idée nouvelle, il n'y aura plus rien à changer aux conceptions de Mallard sur les macles, l'isomorphisme et le polymorphisme ? Nullement, et là aussi une évolution se manifeste, dont le mérite revient encore à M. Wallerant. Le principe de cette évolution consiste dans une remarquable extension donnée à la notion de symétrie-limite, déjà développée avec tant d'éclat par Mallard. Voici comment elle intervient de nouveau.

Bravais avait admis qu'un corps en voie de cristallisation choisissait nécessairement, parmi les sept systèmes de réseaux, celui avec lequel la symétrie de sa molécule (disons maintenant de sa particule) possédait le plus d'éléments communs. Il n'était venu à l'esprit de personne qu'une particule pût adopter un réseau de symétrie notablement supérieure à la sienne. Par exemple, une particule pourvue d'un axe ternaire et de trois axes binaires normaux était condamnée au réseau ternaire, et on n'avait pas l'idée qu'elle pût adopter un réseau cubique, en orientant son axe ternaire suivant une des diagonales du cube, et ses axes binaires suivant ceux de l'assemblage cubique qui forment un système normal à cette diagonale.

Une telle hypothèse devait d'autant mieux être écartée, semblait-il, qu'elle se heurtait à des objections mécaniques. En effet, pour qu'une particule adopte un réseau cubique, il ne suffit pas que quelques-uns des éléments réels de symétrie du réseau cubique se trouvent en coïncidence avec les éléments de même ordre de la particule. Il faut encore, par exemple, que les actions exercées par celle-ci soient les mêmes suivant les trois directions rectangulaires qui correspondent aux axes quaternaires du réseau. Cette condition est satisfaite quand la particule a quatre axes ternaires coïncidant avec les diagonales d'un cube ; car alors la géométrie démontre qu'elle possède nécessairement aussi trois axes binaires équivalents, orientés comme les arêtes du cube. En général, tant que la symétrie commune à la particule et au réseau demeure supérieure à celle du système réticulaire qui vient immédiatement après, la condition qui fixe le choix est remplie par seule raison de symétrie, quelle que soit la particule complexe. Mais quand il faut tomber dans un degré inférieur, le choix d'un réseau trop élevé pour la particule demande à être justifié par des considérations propres à cette dernière.

Or, en général, et grâce à ce fait d'expérience, que presque tous les corps peuvent être ramenés à un réseau cubique, nous pouvons penser que ces raisons ne manqueront pas. A côté de ses éléments réels de symétrie, la particule aura des *éléments-limites* ; par exemple, il s'y trouvera des lignes, occupant la position des axes quaternaires du réseau cubique, et telles que, par une rotation de 90 ou même seulement de 180 degrés autour de ces lignes, la particule se trouve presque exactement substituée à elle-même. Tout naturellement alors, ces lignes tendront à s'orienter suivant les axes quaternaires réels d'un réseau cubique, et ainsi le réseau cristallin choisi jouira d'une symétrie sensiblement plus élevée que la particule.

D'une façon générale, on peut, avec M. Wallerant, définir un élément ou organe de symétrie-limite par cette condition que, traité comme un organe réel passant par le centre de gravité de la particule, il amène celle-ci dans une situation telle, que sa superposition à la situation initiale détermine une partie commune plus grande que pour n'importe quelle autre position.

Or l'introduction de cette considération nous oblige immédiatement à étendre beaucoup la notion de mériédrie. Bravais avait fixé des limites au-dessous desquelles la symétrie d'un polyèdre ne pouvait descendre, sous peine de faire tomber le cristal dans un système réticulaire inférieur. Mais ces limites s'appliquaient à la symétrie *réelle*. Si la défectuosité de celle-ci se trouve suffisamment compensée par l'existence d'éléments-limites, ces derniers interviendront pour maintenir la particule dans le système choisi. Seulement il en résultera de nouvelles variétés mériédriques, non identiques avec celles que Bravais avait si rigoureusement classées.

Comme conséquence, aux groupes mériédriques de Bravais, que caractérisait la symétrie relativement élevée de la particule, toujours suffisante pour que l'ordre du réseau ne pût s'abaisser d'un degré, il convient d'ajouter ceux où cette symétrie est *restreinte*, c'est-à-dire ne possède avec le réseau que le minimum d'éléments communs. Le cas le plus tranché est celui où l'existence d'éléments-limites permettrait à une particule, dépourvue de tout élément réel, de s'accommoder néanmoins, pour la cristallisation, d'un réseau cubique. Si peu probable qu'il paraisse au premier abord, un tel choix ne doit pas être exclu.

Cette conception une fois admise, ce qu'on appelait autrefois les *anomalies optiques* va maintenant apparaître sous un jour tout différent. On voyait un corps, tel que la boracite, dont les formes accusaient un réseau cubique. Dans la persuasion que tous les corps cubiques devaient avoir une sphère pour ellipsoïde optique, et par conséquent être isotropes, on s'étonnait de trouver la boracite nettement biréfringente. Mais, en réalité, la particule complexe de la boracite est biaxe. Seulement la présence d'éléments-limites lui a permis de prendre un réseau cubique, ce qui n'empêche pas les propriétés optiques, gouvernées par la particule et non par le réseau, d'être celles d'un corps non seulement biréfringent, mais biaxe.

La même considération va entraîner d'autres

conséquences, et donner à M. Wallerant la clef des groupements cristallins, entendus dans leur sens le plus général, de manière à comprendre, non seulement les *macles* proprement dites, mais aussi les associations qui se traduisent, sous le microscope polarisant, par la division d'une plaque mince en plages diversement orientées.

Déjà, en ce qui concerne les macles, ou groupements de deux cristaux formant entre eux un angle rentrant, la symétrie habituelle de ces associations montre bien qu'elles doivent être gouvernées par une loi d'équilibre mécanique. Dans le plus grand nombre, l'association des deux cristaux se fait suivant une face plane, commune à tous deux, et le second cristal se comporte comme si, primitivement situé dans le prolongement exact du premier, il avait tourné de 180 degrés autour d'une perpendiculaire à la face de jonction. C'est ce qu'on appelle une *hémitropie* et, dans la plupart des cas, ce mouvement fictif a pour effet d'engendrer un édifice géométriquement symétrique.

Cela prouve donc que, si les deux cristaux n'ont pas pu s'orienter exactement l'un comme l'autre, du moins leur voisinage ne leur a pas permis de prendre des orientations indépendantes. Une force a dû agir, qui a déterminé la seconde moitié à se placer d'une façon déterminée par rapport à la première. Quelle peut être cette force? L'idée de la symétrie-limite va nous aider à la découvrir.

Imaginons, par exemple, une particule complexe pourvue d'un axe-limite. Si cet axe était un axe réel, sur deux rangées normales à cet axe, et faisant entre elles l'angle conforme à son degré, les particules seraient à la fois symétriques les unes des autres et parallèles entre elles, puisqu'une rotation autour de l'axe les ramènerait en coïncidence avec elles-mêmes. Il n'en est plus ainsi quand l'axe est seulement axe-limite. Alors deux cas peuvent se présenter : ou bien la cristallisation se fait assez largement pour qu'un seul cristal prenne naissance, où toutes les particules auront la même orientation ; ou bien la cristallisation est quelque peu troublée, ce qui empêche la formation d'un gros cristal homogène. Mais alors à côté d'une portion qui vient de se constituer normalement, une particule complexe voisine, par raison d'équilibre, devra tendre à adopter, grâce à l'axe-limite qu'elle possède, l'orientation qui l'éloignera le moins de celle du groupe précédent. Ayant ainsi pivoté autour de son axe-limite, et occupant, de cette manière, la situation qui assure le mieux son équilibre relativement à l'édifice contigu, elle pourra devenir le point de départ d'une nouvelle portion cristalline qui, relativement à la précédente, aura une orientation symétrique par rapport à l'axe. Supposons que cet axe soit d'ordre 3 ; trois cristaux se trouveront ainsi associés autour de lui, et l'axe, qui fait défaut comme élément *réel* à la particule, sera un *élément réel du groupe des trois cristaux.*

Il ne s'agit donc plus, comme le pensait Mallard, d'une sorte de *tolérance* de la nature, admettant à prendre part à la formation d'un seul édifice trois sortes de matériaux peu différents les uns des autres. C'est une raison d'équilibre qui détermine ce groupement, et on peut prévoir pour chaque cas, par un calcul très simple, de combien d'éléments le groupement se composera, expliquant ainsi, de façon lumineuse, nombre de faits déjà enregistrés par l'observation.

D'ailleurs ce ne sont pas seulement les axes, seuls envisagés par Mallard, qui serviront d'appui à ces combinaisons. Les plans-limites et les centres-limites y auront les mêmes droits. De plus, les éléments-limites des *particules fondamentales*, s'il en existe, joueront un rôle analogue. Enfin, il en sera de même pour ceux des éléments réels de la particule complexe qui, en raison de leur nature, ne pourraient appartenir à un réseau parallélépipédique

La symétrie-limite étant la raison d'être des groupements de cristaux, ces groupements doivent être d'autant plus fréquents que la particule complexe est moins riche en éléments réels, c'est-à-dire que la mériédrie est plus prononcée. Les macles apparaissent donc comme une compensation de ce qui manque à la particule. Et de fait, comme l'a remarqué M. Wallerant, il y a des substances mériédriques qui ne se présentent jamais qu'en cristaux maclés. D'ailleurs, dans les cas nombreux où les divers groupes conservent le même réseau, la macle se dissimule sous l'apparence d'un cristal unique de symétrie supérieure, et il faut, pour la révéler, soit l'étude optique, soit celle des figures de corrosion.

Tel est le principe fécond de l'ingénieuse analyse, par laquelle M. Wallerant a, pour la première fois, établi une classification satisfaisante des divers modes de groupements de cristaux. Chemin faisant, cette analyse lui a fourni l'explication de plusieurs macles dont, jusqu'alors, il avait été impossible de justifier logiquement la formation. Elle lui a permis également de montrer qu'une face quelconque ne pouvait pas être indifféremment choisie pour l'accolement de deux cristaux ; enfin que les cristaux cubiques holoédriques ne devaient offrir que deux sortes de plans de macle : résultat conforme à l'observation, mais inexpliqué jusqu'ici.

La fécondité de la méthode est encore attestée par la facilité avec laquelle elle semble permettre l'explication du *polymorphisme*. Pour cela, il suffit à M. Wallerant d'appliquer aux particules fondamentales les règles de la symétrie-limite. On comprend que l'existence d'éléments-limites, dans une particule de ce genre, doive entraîner un groupement, semblable à celui des cristaux proprement dits, et qui engendrera une particule complexe. Or, si les éléments-limites en question font justement entre eux les angles exigés par la symétrie réelle d'un polyèdre, le groupement des particules fondamentales ne peut se faire que d'une manière, et le corps est *monomorphe*. Si, au contraire, les angles des éléments-limites sont légèrement différents de ceux qui conviendraient, il se produira divers groupements, donnant naissance à des particules complexes non identiques, quoique très voisines et de même symétrie totale. Dans la cristallisation, ces particules se disposeront suivant les mailles de réseaux presque rigoureusement semblables ; mais les différences se traduiront par des apparences de cristallisation distinctes, engendrant le polymorphisme.

D'ailleurs, les angles des éléments-limites, ainsi que le degré de leur approximation, seront susceptibles de varier avec la température. Celle-ci, en s'élevant, pourra donner à la particule fondamentale une symétrie supérieure qui, une fois réalisée, autorisera le retour à un groupement monomorphe. Tel serait le cas de la boracite qui, on le sait, devient isotrope à 265 degrés.

Il serait ici hors de propos d'insister davantage sur ces considérations délicates, dont on trouvera le développement dans les publications de M. Wallerant. Nous croyons en avoir assez dit pour faire apprécier la valeur de ces conceptions ingénieuses, qui se recommandent suffisamment par l'ordre remarquable qu'elles introduisent dans une série de phénomènes, dont le premier aspect était plus ou moins aberrant. Cependant, nous ne saurions terminer sans indiquer, avec l'auteur, comment la symétrie-limite suffit à rendre compte de la formation des particules complexes.

Les particules fondamentales étant des éléments concrets qui agissent les uns sur les autres à distance, on conçoit que les actions d'une telle particule sur un point extérieur puissent prendre des valeurs sensiblement égales pour des positions du point symétriques par rapport à des droites, à des plans ou à un centre. La particule jouira donc, au point de vue mécanique, d'une symétrie-limite, qui doit trouver son expression dans une symétrie-limite d'ordre géométrique, et alors cette dernière, suivant la loi générale des groupements, devient une cause suffisante pour la formation, par association de plusieurs particules fondamentales, d'une particule complexe plus symétrique.

Mais la symétrie-limite, que nous avons attribuée à la particule fondamentale, nous permet de reporter le même raisonnement sur les molécules chimiques qui la composent. Ainsi, selon l'expression de M. Wallerant : « la symétrie des corps cristallisés devient le résultat d'une série d'étapes successives, chaque étape étant en progrès sur l'étape précédente, au point de vue de la symétrie ». Un rudiment de régularité détermine d'abord l'association de plusieurs molécules ; l'édifice ainsi engendré profite de sa moindre imperfection pour constituer une particule complexe, et chez cette dernière, le progrès est tel qu'il peut suffire à lui assurer un réseau de symétrie élevée, c'est-à-dire une stabilité de beaucoup supérieure à celle que le corps amorphe aurait pu réaliser.

L'évolution doctrinale dont nous venons d'esquisser les phases a-t-elle dit son dernier mot? Il serait téméraire de l'affirmer. Quoi qu'il en soit, la cristallographie française a le droit, croyons-nous, d'être fière de son œuvre. Ce n'est pas à des reculades successives qu'elle a dû se résigner. Au contraire, toujours fidèle à son principe fondamental, elle n'a eu chaque fois qu'à en renouveler l'expression en la précisant; et tandis que son édifice théorique gagnait progressivement en rigueur géométrique, chaque fois aussi on la voyait prendre un contact plus intime avec la réalité, serrant de plus près ces relations de cause à effet dont la connaissance doit être le but de toute science digne de ce nom. Que d'autres, si c'est leur goût, se complaisent dans des constatations purement expérimentales, systématiquement écartées de toute notion de causalité, ou donnent leur préférence à des considérations mathématiques à la fois compliquées et sans signification objective bien marquée. En restant fidèle aux traditions françaises, nous croyons rendre un meilleur service à l'enseignement d'une science vers laquelle les adeptes viendront plus volontiers, si dans un édifice doctrinal qui ne les éloigne jamais du monde réel, ils sont assurés de trouver à la fois la rigueur, la limpidité et l'élégance.

DEUXIÈME PARTIE

I

Les vicissitudes de la préhistoire

Les vicissitudes de la préhistoire

§ 1. — Les origines de la préhistoire

C'est chose communément admise que toute histoire soit accompagnée d'une légende. Le nombre est considérable des esprits que la vérité toute simple ne saurait contenter ; et, de fait, le costume que la tradition se plaît à attribuer à cette déesse peut à bon droit paraître insuffisant aux délicats. Aussi comprend-on qu'ils s'ingénient à lui composer une tenue à la fois plus décente et plus riche. De cette manière, l'imagination, la poésie, la dévotion même, aidant, le récit des événements humains finit par s'agrémenter d'ornements qui jouent, relativement à l'histoire, un rôle semblable à celui du nimbe d'or dont l'image des saints est habituellement encadrée.

Mais si l'on pardonne à l'humanité, en raison de la vieillesse de ses annales, d'en vouloir entourer l'origine de quelque appareil fabuleux, il peut sembler étrange que le même privilège soit aujourd'hui réclamé par la préhistoire, comme si, de sa nature propre, celle-ci n'était pas suffisamment voisine de la légende ; comme si, d'autre part, sa jeunesse même ne devait pas la préserver encore de ce genre d'ambitions.

On sait en effet qu'à titre de science officiellement reconnue, la préhistoire ne compte pas un demi-siècle d'existence. Auparavant, lorsqu'à la surface d'un champ on rencontrait les silex, taillés et polis, connus sous le nom de *haches celtiques*, ces produits de l'industrie de nos ancêtres n'éveillaient guère plus de surprise que la découverte de sarcophages gallo-romains ou celle d'instruments de bronze. Il ne venait pas à l'esprit que l'époque à laquelle remontaient ces débris fût très lointaine, encore moins qu'elle pût avoir été précédée par une autre, que caractérisaient des outils plus grossiers.

Cependant, dès les environs de 1840, un ardent collectionneur d'antiquités, Boucher de Perthes, en visitant les exploitations de gravier de la vallée de la Somme, avait été frappé de trouver parfois, au milieu des nombreux silex roulés par l'ancien cours d'eau, quelques spécimens dont la forme en amande rappelait celle des haches celtiques. Sans doute ces spécimens étaient très frustes et les surfaces polies y faisaient absolument défaut. Néanmoins leur contour semblait trop régulier pour être l'effet du hasard, et de nombreuses apparences de retouches, symétriquement disposées sur les bords, éveillaient l'idée d'esquilles intentionnellement détachées pour arriver à une forme définie et tranchante.

Boucher de Perthes eut l'intuition qu'il avait devant lui les témoins d'une civilisation très primitive, qui avait dû préparer sur notre sol l'usage des instruments en pierre polie, à une époque où la Somme, aujourd'hui le type le plus achevé des rivières tranquilles, possédait un régime torrentiel, tout comme celui de la Loire actuelle. Et dès ce moment il entreprit de convertir les autres à sa manière de voir.

Longtemps sa propagande fut infructueuse, et ne réussit qu'à le faire traiter de visionnaire ou de maniaque. Il tint bon cependant, et son zèle d'apôtre finit, en 1859, par recevoir sa récompense. Des hommes d'une science incontestée estimèrent qu'une vérification sur place s'imposait. C'étaient, du côté de l'Angleterre, sir Joseph Prestwich et sir John Evans ; du côté de la France, M. Albert Gaudry. La forme des instruments recueillis par Boucher de Perthes ne laissait guère de place au doute ; mais leur authenticité pouvait être mise en suspicion. Provenaient-ils réellement des anciennes alluvions ? Ne pouvait-on pas craindre qu'ils n'y eussent été subrepticement introduits par les ouvriers, dans l'espérance d'une gratification de la part de celui dont tout le pays commençait à connaître et même à exploiter la manie ?

Pour résoudre la difficulté, les savants en question s'astreignirent à s'installer, des journées entières, dans les exploitations de gravier de Saint-Acheul, à la porte d'Amiens, prenant nourriture sur place, afin qu'il n'y eût pas de lacune dans la surveillance des ouvriers. En leur présence, la pioche mit plus d'une fois à jour, dans les alluvions non remaniées, des pièces identiques avec celles dont l'origine avait paru suspecte. Aucun doute ne pouvait désormais subsister. La préhistoire était fondée, les traces irrécusables d'un travail humain apparaissant dans des conditions qui impliquaient tout à la fois une antiquité beaucoup plus considérable que celle des objets trouvés dans les tourbières de la Somme, et des circonstances, soit de climat, soit de relief, fort différentes de celles du temps présent.

Dès lors, il fut démontré que, sur notre sol, avant l'époque des haches celtiques ou de la pierre polie, dite *néolithique*, il y en avait eu une autre, qu'on appela *paléolithique*, et pendant laquelle les instruments de pierre, taillés par éclats, ne recevaient jamais le poli. Ce fut l'œuvre du demi-siècle suivant de perfectionner cette classification, qui chaque jour, en raison de découvertes nouvelles, acquiert un plus haut degré de précision.

§ 2. — Les phases de l'époque paléolithique

Ce qui distingue l'époque paléolithique, c'est que l'usage des métaux paraît y avoir été totalement ignoré. C'est donc bien l'*âge de pierre* proprement dit. Seulement la façon de tailler les pierres s'est modifiée peu à peu, et vers la fin s'est introduit l'emploi des instruments d'ivoire ou d'os. Ces modifications ont marché de pair avec des vicissitudes climatériques, assez importantes pour faire disparaître certaines espèces animales et en obliger d'autres à émigrer vers de nouveaux parages. Par l'analyse des gisements où les débris de l'industrie humaine et parfois les restes des hommes primitifs eux-mêmes sont mélangés avec ceux des animaux contemporains, on est parvenu à établir la succession suivante, laquelle, au moins pour ce qui concerne nos contrées européennes, est aujourd'hui adoptée par l'unanimité des spécialistes.

Le plus ancien type de silex incontestablement taillé est ce qu'on appelle le *coup de poing*, qu'on trouve dans les alluvions inférieures de Chelles-sur-Marne et d'Abbeville. L'instrument est massif, très primitif, toujours fortement roulé par suite du transport rapide qu'il a subi sur le lit des rivières, au sein des graviers grossiers où il est cantonné. C'est le type de l'industrie *chellène*. Les animaux qui lui font cortège sont l'éléphant antique, le rhinocéros et l'hippopotame. Ce dernier surtout est caractéristique ; car, même avec la certitude de n'être pas pourchassé par l'homme, les hippopotames ne pourraient plus aujourd'hui fréquenter les rivières de la Seine et de la Somme. S'ils l'ont fait autrefois, c'était sûrement à la faveur d'un climat plus doux. A leur témoignage s'ajoute d'ailleurs celui d'un petit mollusque, dont la coquille se trouve dans les sables subordonnés aux graviers en question. Ce mollusque, auquel les conchyliologistes ont donné le nom de *Corbicula flumi-*

nalis, ne s'observe plus de nos jours que dans les rivières chaudes de l'Afrique et de l'Asie. Or, à l'époque chelléenne, il vivait dans les cours d'eau du sud de l'Angleterre. Aussi l'assemblage d'animaux quaternaires, dont nous venons de parler, a-t-il mérité d'être qualifié de *faune chaude*.

Immédiatement au-dessus des dépôts chelléens apparaissent, notamment à Saint-Acheul, près d'Amiens, des graviers à grain plus fin, mêlés de sables, où se rencontre un *coup de poing* plus perfectionné, de forme régulièrement ovale ou amygdaloïde, moins épais que celui de Chelles, à surface plus soigneusement dressée, enfin d'ordinaire sensiblement moins roulé. Il constitue le type de l'industrie *acheuléenne,* à laquelle fait cortège une faune qui comprend le mammouth et le rhinocéros à narines cloisonnées. Le mammouth, dont le sol gelé de la Sibérie a fourni des cadavres entièrement conservés, était muni d'une crinière et de longs poils. Le rhinocéros de ces gisements avait une toison laineuse. Certainement, à cette époque, le sol s'était notablement rafraîchi, bien que les rivières eussent encore un débit abondant et que l'homme pût venir facilement sur leurs bords, pour récolter, entre deux crues, les silex dont il ferait des outils après les avoir taillés. Le nom de *faune froide* convient donc à cet ensemble d'animaux.

Les sables de Saint-Acheul sont surmontés par un dépôt limoneux jaune, dont la nature accuse une sensible diminution dans la force du courant. Les débris animaux diffèrent peu des précédents. Quant aux outils de silex, ils ne sont plus du tout roulés, mais leur surface offre une patine blanchâtre caractéristique. La taille du coup de poing a diminué ; il est lancéolé à la pointe, plus triangulaire. Avec lui se rencontrent des pointes à main, et de nombreux éclats en forme de larmes, grattoirs, racloirs, etc. C'est l'industrie *moustérienne* (de Moustier en Périgord).

Un nouveau progrès dans la taille des instruments de silex se manifeste avec l'époque *solutréenne* (de l'abri sous roche de Solutré en Bourgogne), elle-même préparée par une phase *présolutréenne,* qui ménage la transition avec le moustérien (1). C'est là que se montrent les belles lames de silex, à fines retouches, en forme de feuilles de laurier, ainsi que les pointes à crans. Le cheval et le renne sont les animaux dominants de cette période, vers la fin de laquelle apparaissent les premières aiguilles d'os ou de corne, ainsi que les plus anciens essais de sculpture.

Enfin vient l'époque *magdalénienne*, celle des grottes de la Madelaine en Périgord, elle-même susceptible de subdivisions secondaires. Les silex passent au second plan, cédant le pas aux outils d'os ou d'ivoire, harpons, bâtons dits de commandement, etc., avec manches

(1) Voy. le travail présenté par M. l'abbé Breuil au *Congrès préhistorique* de Périgueux en 1905.

enrichis de gravures représentant des animaux. Au début, les sculptures sur ivoire dominent; mais, quand les éléphants sont devenus rares, l'homme fait ses instruments en os et se contente d'y graver ses dessins. La faune comprend le renne, l'antilopesaïga et beaucoup de petits rongeurs, semblables à ceux qui évoluent de nos jours dans les steppes des régions froides. Evidemment, c'est une époque de froid sec et sévère, obligeant l'homme à se réfugier dans les cavernes.

A ce moment finissent les temps *paléolithiques*. Le climat s'adoucit; le retour de l'humidité favorise le développement des forêts où abondent les cerfs. C'est l'aurore de l'époque *néolithique* ou de la pierre polie, caractérisée par ce qu'on appelle les *haches celtiques*, et destinée à passer insensiblement aux conditions de l'époque actuelle. C'est cette civilisation néolithique, qui remontant peu à peu vers le nord, paraît avoir atteint le Danemark environ douze ou quinze siècles avant l'ère chrétienne.

Toutes ces vicissitudes ont embrassé de longs siècles, durant lesquels les glaciers des contrées montagneuses ont, tour à tour, avancé ou reculé; cependant, toutes sont comprises dans ce qu'on appelle l'ère *quaternaire*, caractérisée par ce fait que les rivages marins différaient à peine de ce qu'ils sont aujourd'hui; et aucune ne remonte aux temps géologiques appelés *tertiaires*.

§ 3. — Les légendes de la préhistoire. L'homme tertiaire

Cependant, à peine les idées de Boucher de Perthes avaient-elles pris pied dans la science, qu'on voyait éclore, chez les préhistoriens, l'ambition de faire remonter encore plus haut la première apparition de l'homme. On crut avoir à cet égard un argument décisif, lorsqu'en 1867 l'abbé Bourgeois fit connaître de petits silex, aux bords éclatés par place, qu'il avait ramassés dans le Loir-et-Cher aux environs de Thenay. Ces silex, comme on put le vérifier en creusant un puits tout exprès, se trouvaient à la base du calcaire de la Beauce, assise franchement tertiaire, et antérieure au développement, sur notre sol, des herbivores, notamment des mastodontes. Leur antiquité était donc démesurément plus grande que celle des outils de Saint-Acheul. S'ils avaient été taillés par l'homme, ce n'est pas à des milliers, mais au moins à des centaines de milliers d'années, qu'il faudrait reculer les premières manifestations de l'industrie humaine.

Seulement, ces silex étaient-ils vraiment taillés? Ils n'avaient aucune forme définie et se distinguaient seulement par de petits éclats, apparaissant sans ordre sur le pourtour. Ils manquaient d'ailleurs essentiellement de cette protubérance, connue sous le nom de *bulbe de percussion*, et qui ne fait jamais défaut à la base des silex ayant subi une taille intentionnelle.

Après de nombreuses discussions, qui passionnèrent le monde archéologique, on avait fini par établir que l'action du feu naturel, tel que celui de la foudre, même simplement l'influence des variations de la température et de l'humidité, suffisaient pour produire, sur un silex fraîchement extrait de la carrière, les particularités qui distinguaient les cailloux de Thenay. Aussi, les partisans de l'homme tertiaire se faisaient-ils de jour en jour moins nombreux. D'ailleurs, on leur opposait un argument péremptoire. A l'époque où se formait le terrain à silex de Thenay, il est certain que la population animale de notre planète était très incomplète. A peine si les herbivores commençaient à se développer ; les ruminants n'avaient pas encore de cornes ; il n'y avait ni équidés proprement dits, ni proboscidiens. La présence de l'homme à cette époque eût été un véritable anachronisme ; sans compter qu'il était inconcevable qu'un être assez intelligent pour tailler des silex fût resté, depuis lors, aussi longtemps sans donner, jusqu'à l'époque de Chelles, aucun témoignage de son activité.

Il est vrai que cet argument était assez facilement éludé par ceux qui tenaient à toute force à établir, non seulement la haute ancienneté, mais encore la descendance animale de l'homme, et dont le plus acharné était Gabriel de Mortillet. Soit, disait-il, ce n'est pas l'homme qui a taillé les silex de Thenay ; mais ce doit être son précurseur simien. L'apparition de l'homme a dû être précédée par celle de singes anthropoïdes, dont nous serions les arrière-petits-fils. Jusqu'ici, nous n'avons pas eu la chance de mettre la main sur des restes de ces animaux ; mais voici au moins un produit de leur industrie ; nous nous en emparons et nous baptisons de suite l'être qui les a maniés. Ce sera l'homme-singe, en latin l'*Anthropopithecus*.

La conclusion était singulièrement hasardée. Si l'homme paléolithique avait pu être accepté dans la science, ce n'est pas seulement parce que les œuvres qu'on pouvait lui attribuer étaient de telle nature, qu'il n'y avait pas moyen d'y méconnaître la trace d'une volonté intelligente. Mais, en outre, à plus d'une reprise, des fragments de crânes ou de mâchoires avaient été rencontrés en compagnie des silex. L'*homme fossile* n'était donc pas une simple hypothèse.

Or, à Thenay, il n'y avait rien de semblable. La seule raison d'être de l'anthropopithèque, c'était la prétention de Mortillet de faire admettre l'existence d'un être destiné surtout, dans sa pensée, à « ennuyer les curés ». Et cet homme, qui faisait profession de science positive, trouvait tout naturel de créer un nom de genre pour désigner un animal dont il n'existait pas le moindre vestige. Bien mieux ! un géologue portugais, M. Ribeiro, ayant annoncé, en 1871, qu'il avait recueilli à Otta, sur le Tage, des silex pareils à ceux de Thenay,

Mortillet s'empressa d'y reconnaître la trace d'un anthropopithèque. Il estima de plus qu'en raison de la grande distance qui sépare le Tage du Loir-et-Cher, cet animal ne pouvait être identique avec celui du gisement français. Et tandis que, dédiant ce dernier à l'abbé Bourgeois, il créait l'espèce *Anthropopithecus Bourgeoisi*, il n'hésita pas davantage à créer, pour le Portugal, un *Anthropopithecus Ribeiroi*.

Dans une pièce qui a fait la joie de nos pères, celle des *Saltimbanques*, l'ineffable Bilboquet, apercevant une malle qui traîne (c'est celle du « grand jobard », attiré chez les histrions par les charmes d'Atala), s'écrie : « Cette malle doit être à nous ; elle est à nous ! » Ainsi, Mortillet aurait pu dire : « Il me faut des anthropopithèques ; donc, les anthropopithèques existent. Dans ce genre, il doit y avoir des espèces ; j'ai donc le droit d'en faire au moins deux ! » Les deux manières de raisonner étaient aussi scientifiques l'une que l'autre, et pas n'était besoin de se montrer adversaire aussi passionné que Mortillet de toutes les croyances, pour infliger à ses ennemis un pareil effort de foi ! Encore, pour y adhérer, fallait-il se sentir de force à braver même le ridicule ; car, lorsqu'on demandait au savant anthropologiste du musée de Saint-Germain quel usage aurait bien pu faire, de ces petits cailloux, un animal qui, à coup sûr, ne pratiquait ni l'agriculture ni aucune autre industrie : « C'était, disait-il, *pour se gratter quand les puces l'ennuyaient* ».

Aussi, la légende de Thenay n'avait-elle guère survécu à celui qui la patronnait avec tant d'acharnement. Mais voici que, depuis quelques années, il s'est dépensé de grands efforts en vue d'ajouter à l'époque paléolithique une phase antérieure, de très longue durée, qui en reculerait considérablement les débuts. C'est en Belgique que cette tentative s'est produite, par l'initiative d'un géologue, d'ailleurs distingué, de ce pays, M. Rutot, conservateur au Musée Royal d'histoire naturelle de Bruxelles.

§ 4. — Les Eolithes

En 1900, M. Rutot, délaissant les travaux de statigraphie, où il avait rendu de bons services, se mit à étudier les dépôts d'alluvions anciennes de la vallée de la Lys, dans la Flandre occidentale. Il y reconnut, à une hauteur variable de 25 à 65 mètres au-dessus du niveau actuel de la rivière, de vastes gisements de silex appartenant, d'après lui, à l'extrême base du terrain quaternaire, et plus anciens, par conséquent, que ceux de Chelles et de Saint-Acheul. Il crut y constater des traces d'une industrie très primitive, à laquelle il donna le nom de *reutélienne*, tiré du hameau de Reutel, près d'Ypres.

Deux ans auparavant, l'exécution du chemin de fer de Mons à Binche ayant mis à découvert des alluvions anciennes de l'âge du mammouth, avec les silex taillés suivant la forme classique en amande, un compatriote de M. Rutot, M. Delvaux, avait signalé dans la tranchée de Mesvin un horizon de silex, inférieur au précédent, qui lui parut offrir des éclats de cailloux retouchés par l'homme. M. Delvaux vit là une phase plus ancienne que le *chelléen* ou *acheuléen*. Il en fit l'industrie *mesvinienne*, que M. Rutot déclara postérieure au reutélien, en attendant que la vallée de la Dendre, à Maffles, lui fît connaître un nouveau type intermédiaire entre le reutélien et le mesvinien. Or, ce type apparaissait à 30 mètres plus bas que celui de Reutel, accusant un phénomène géologique d'importance, qui avait dû provoquer un notable approfondissement des vallées.

Les silex du reutélien, du reutélo-mesvinien (ou mafflien) et du mesvinien furent alors réunis par M. Rutot sous une même rubrique générale, et le nom d'*éolithique* (dérivé d'*éôs*, *aurore*, c'est-à-dire aurore de l'industrie humaine), mot déjà créé par Mortillet, fut repris pour qualifier l'industrie de cette première et très longue période.

Mais en quoi ces silex différaient-ils de ceux du paléolithique ? Ici, laissons parler M. Rutot lui-même (1) :

« Alors que le paléolithique et le néolithique sont caractérisés par la présence d'un certain nombre de types dits « taillés », c'est-à-dire à

(1) *Bulletin de la Société belge de géologie*, XVII, procès verbaux, p. 427 (28 juillet 1903).

forme extérieure intentionnelle et convenue, obtenus par le dégrossissage de plus en plus perfectionné d'un bloc de matière première, telle que le silex, au moyen de l'enlèvement d'éclats jusqu'à obtention de la forme ou du genre d'outils désirés, l'éolithique ne comprend que des outils dérivant uniquement de rognons ou d'éclats naturels, directement utilisés à la percussion ou au raclage.

« Les blocs ou rognons naturels, de formes plus ou moins régulières, ont été utilisés directement à la percussion ; ceux de formes irrégulières ont simplement été accommodés à la main par l'enlèvement de tubercules gênants ou par martelage d'arêtes tranchantes.

« Quant aux éclats naturels, dus à l'éclatement produit par des actions naturelles, ils présentent des arêtes tranchantes qui ont été directement utilisées au raclage ou au grattage, avec accommodation à la main préalable à l'usage.

« Les arêtes utilisées ont ensuite été ravivées par une retouche spéciale, dite « retouche d'utilisation », effectuée au moyen d'un percuteur allongé dit « retouchoir ».

« L'industrie éolithique ne comprend donc aucun type dit « taillé », à contours voulus, obtenus en vue d'une forme intentionnelle.

« Cette industrie ne comprend que des formes naturelles directement utilisées, avec retouche sommaire d'accommodation pour la préhension facile et retouches successives d'utilisation, s'il y avait lieu, c'est-à-dire si l'outil était destiné à servir plusieurs fois de suite, grâce au ravivage des arêtes émoussées par l'usage ».

Ainsi, c'est la *retouche sommaire d'accommodation*, combinée ou non avec des *retouches successives d'utilisation*, qui constitue, aux yeux de M. Rutot, le critérium de l'authenticité pour les silex éolithiques. Par conséquent, tout silex utilisable, pourvu que de place en place on aperçoive sur son contour quelques traces d'éclatement qui aient l'air d'en régulariser la ligne, pourra être réputé silex éolithique.

Naturellement, M. Rutot s'empressa de ranger sous cette rubrique les silex quelque peu oubliés de Thenay, exprimant, à cette occasion, sa pitié d'avoir vu ces objets « définitivement reniés dans le pays même qui avait eu la chance et l'honneur de leur découverte ». Il ne manqua pas non plus d'y comprendre d'autres silex, dont, en 1878, M. Rames avait signalé la présence au Puy-Courny, dans le Cantal parmi des alluvions du tertiaire supérieur. D cette manière, l'industrie éolithique se trouvai embrasser un immense espace de temps, qu méritait d'être compté, non en centaines, mai en milliers de siècles, pendant lesquels l'industrie humaine n'aurait fait aucun progrès appré ciable. Au contraire, à Strépy, dans la vallé de la Haine, M. Rutot signalait des gisement où il voyait réalisée la transition subite d l'éolithique au paléolithique. Outre de nombreux grattoirs et racloirs, simple perfectionnement, selon lui, des formes antérieures, o y assistait véritablement « à la naissance de l'instrument amygdaloïde, obtenu par dégrossissage de rognons de forme en amande ou ovale aplati et des poignards, réalisés par la formation d'une pointe à une extrémité de rognons très allongés subcylindriques ».

Cette stagnation presque indéfinie de l'industrie humaine, suivie d'une aussi rapide évolution, aurait dû inspirer quelques doutes à un esprit réservé. Au contraire, avec une rare puissance d'imagination, M. Rutot en aperçut tout de suite la cause ; et cette cause lui parut d'autant plus péremptoire, qu'elle était d'ordre géologique.

A l'entendre, les affleurements de matière utilisable avaient dû être de plus en plus abondants et étendus « en allant du tertiaire au quaternaire. Mais, ajoutait-il, à partir du quaternaire, ces gisements se sont successivement recouverts de dépôts fluviaux étendus, limoneux et autres, qui les ont bientôt fortement réduits. Alors la lutte pour la possession des gisements de silex a dû inévitablement se produire. Les peuplades, dépossédées de leurs gisements séculaires, ont essayé de chasser les possesseurs plus favorisés ; l'attaque a amené la défense, et l'usage des armes s'est ainsi introduit très rapidement et s'est généralisé (1) ».

Nous avons tenu à reproduire, sans y changer un iota, cet ingénieux roman, digne d'être

(1) *Loc. cit.*, p. 435.

14

mis en musique par quelque *éo-Wagner*, qui aux harmonies usuelles saurait mêler le cliquetis des silex aux sons argentins, comme ce clavier de cailloux formant gamme complète, qu'on a vu promener à travers les expositions aux environs de 1889.

Chose étrange ! En nous plaçant au seul point de vue naturel, nous aurions cru juste le contraire de ce qu'enseigne ici M. Rutot. C'est un fait bien connu que les peuples primitifs établissent toujours leur demeure à proximité de l'eau courante, c'est-à-dire des vallées. Or celles-ci, peu développées sur notre sol avant l'époque quaternaire, ont acquis avec elle un développement extrême, et les rivières, démesurément grossies par les pluies de la période, se sont mises à rouler d'énormes quantités d'alluvions. Des espaces considérables en ont été jonchés, comme en témoignent les cailloutis si abondamment répandus autour du massif alpin, ou encore ces nappes de graviers qui, en Belgique, forment un manteau sur la Hesbaye aussi bien que sur la Campine. C'est à ce moment, pendant cette phase dite des grands cours d'eau, que, sur les rives des fleuves, les populations ont eu des facilités exceptionnelles pour récolter, dans l'intervalle de deux crues, les matériaux durs que la taille devait transformer en armes ou outils. Jamais la profusion n'en avait été aussi grande. Ce n'est donc pas à la concurrence vitale qu'on peut raisonnablement attribuer l'éclosion subite d'une civilisation qui, jusqu'alors, avait si obstinément sommeillé ; à tel point que M. Rutot y reconnaît « un stade bien particulier et bien nouveau de l'histoire de l'humanité, stade comparable à l'état social très intéressant et même très perfectionné des fourmis et des abeilles, mais ne semblant pas devoir être soumis à modification ni progrès ».

Pauvres abeilles ! voir comparer leurs admirables combinaisons avec une industrie dont les produits sont jugés tout au plus aptes à chasser les puces d'un anthropopithèque imbécile ! C'est peu flatteur, et elles auraient le droit d'en vouloir au conservateur du musée de Bruxelles.

D'ailleurs, ce savant n'est pas tendre, même pour nos très anciens précurseurs. Ce n'est pas seulement leur mentalité qu'il accuse d'une stagnation déplorable. Il ajoute : « Nous sommes tentés de croire que l'homme éolithique était entièrement *velu* ». Tout ce qu'il accorde à ce malheureux aux longs poils, c'est d'avoir su, non pas *tailler*, il en eût été incapable, mais *aviver* le tranchant des éclats naturels qu'il employait ; et cela soit par retouche, soit par pression, soit par percussion. Encore le mot de taille lui semble-t-il excessif pour désigner même le travail des hommes venus plus tard, ceux du paléolithique. Grâce à ce don de seconde vue qui lui permet d'évoquer avec aisance les âges disparus, M. Rutot sait admirablement ce qui se passait à l'époque *moustérienne*.

Pour obtenir une pointe de ce type, nous

dit-il, « on ne prenait pas un nucléus, d'où l'on détachait, avec grands soins et précautions, une lame ou éclat, avec la volonté de produire la forme d'éclat désiré ; non, l'ouvrier prenait un rognon de silex ; il en tirait successivement dix, vingt, trente éclats, sans précautions spéciales ; puis, dans l'amas d'éclats gisant sur le sol après le débitage du bloc, il *recherchait* ceux dont la forme naturelle semblait le mieux convenir à l'usage et au mode de retouche. Les autres éclats étaient abandonnés sur le sol, où nous les retrouvons intacts. Le ou les éclats *choisis* étaient utilisés tels quels, sans préparation aucune, grâce à leur tranchant naturel, bien supérieur à tout tranchant artificiel ; mais bientôt, au bout de quelques minutes de travail, la partie utilisée des arêtes étant émoussée, la retouche nécessaire au ravivage des arêtes s'imposait ».

On le voit, nous nageons en pleine fantaisie ; et le fait est curieux à constater, de la part d'un savant qu'on étonnerait fort, si on se refusait à reconnaître en lui un représentant de la *science positive,* celle qui ne veut que des faits, dédaigne les hypothèses, et repousse absolument toute croyance *a priori.*

Sans nous arrêter davantage au rôle que M. Rutot attribue à la concurrence des tribus primitives, nous insisterons sur deux points, particulièrement faibles, de la thèse soutenue par le savant belge.

Si les silex de type reutélien ou mesvinien occupaient toujours des horizons bien déterminés, dans les graviers des vallées, cette localisation pourrait être interprétée comme établissant entre ces produits une différence chronologique. Mais il se trouve que, dans n'importe quelle exploitation de cailloux roulés, on est assuré de trouver des types de ces diverses catégories. En particulier, c'est ce qui a lieu dans tous les gisements de la vallée de la Seine, où M. Rutot a lui-même recueilli nombre de spécimens qu'il déclare les uns reutéliens, les autres mesviniens, quelques-uns maffliens.

Il est vrai qu'il cherche à expliquer cette apparente promiscuité en admettant que, avant d'arriver à leur forme actuelle, les alluvions anciennes ont été remaniées à plusieurs reprises, ce qui a permis l'introduction, dans leur masse, de produits d'âges différents. Mais aucun des hommes compétents qui ont étudié le régime des alluvions ne saurait souscrire à cette hypothèse ; car, maintes fois, au milieu des couches de cailloux, il s'intercale de minces lits de sable très fin, renfermant des coquilles fluviales d'une telle délicatesse, que le remaniement allégué les eût infailliblement détruites.

Un autre point encore plus faible de la thèse est l'impossibilité de tracer une ligne de démarcation, à partir de laquelle un silex roulé pourrait commencer à être considéré comme un éolithe. La forme d'un silex, le rendant apte à être employé, est-elle une raison suffisante de croire qu'il ait réellement servi ? Evidemment non, ainsi qu'il est facile de s'en convaincre par des exemples typiques.

Ainsi, sur les plateaux du Ponthieu, aux environs mêmes de la ville illustrée par les recherches de Boucher de Perthes, le sol, à fond de craie, est uniformément recouvert par un manteau de terre argileuse brune, jonchée de silex de toutes dimensions. Personne ne doute aujourd'hui que ces silex ne soient le résidu d'un long travail de destruction, opéré durant les temps tertiaires par les agents atmosphériques, aux dépens de la craie qui formait alors tout le sous-sol du pays. Le calcaire a disparu, ses impuretés devenant de l'argile, et les silex, dont la roche était parsemée, sont demeurés sur place, grâce à leur insolubilité. N'ayant subi aucun transport, ils ont gardé leurs formes initiales ; ce sont des rognons ou tubercules irréguliers, qui deviendraient des galets si la vague marine venait à les secouer longtemps sur une plage, des silex roulés d'alluvions s'ils étaient charriés avec des graviers dans le lit des rivières.

A son contact avec le limon qui recouvre uniformément les plateaux picards, le *bief à silex*, comme l'appellent les agriculteurs, éprouve une modification. A force de subir les variations du régime atmosphérique, en particulier les vicissitudes de la gelée et du dégel, les rognons de silex se sont craquelés, fendillés, parfois même entièrement fendus. Le signataire de ce travail, explorant, il y a quarante ans, les gisements des environs d'Abbeville, en compagnie d'un spécialiste fort expert, M. N. de Mercey, a vu ce dernier recueillir, en place, des rognons encore entiers, mais qu'il fallait entourer de ficelles pour les empêcher de se disloquer en morceaux quand on les extrayait de l'argile. Si on examinait les fragments dont ils se composaient, on y trouvait à foison des percuteurs, des racloirs et des grattoirs, en tout semblables à ceux des ateliers paléolithiques. Même, à cause de la circulation prolongée des eaux superficielles, tous ces éclats, quoique demeurés en connexion les uns avec les autres, étaient déjà revêtus de la *patine blanche* qui caractérise les outils classiques, et contraste si bien avec la couleur, tantôt blonde, tantôt très noire, de l'intérieur des silex normaux.

Cela veut-il dire que toutes les formes qualifiées de racloirs et grattoirs doivent être tenues en suspicion? Assurément non; mais cela prouve que, quand on n'a pas affaire à des outils tels que les pierres en amande, où l'évidence du travail intentionnel ne saurait être niée, ce n'est pas à la *forme seule*, c'est aussi aux conditions de gisement qu'il faut s'adresser pour savoir si un silex est taillé ou non. Autrement, comment refuser de reconnaître pour tels les fragments dont nous venons de parler? Qui donc, dans l'école de préhistoriens que nous avons en vue, leur dénierait la qualité d'outils, si on ne pouvait pas lui prouver qu'on a recueilli soi-même le rognon entier dont ces morceaux n'étaient que la monnaie? N'importe quel caillou de silex pouvant servir de projectile à un homme qui veut attaquer son semblable, comment prouvera-t-on qu'un caillou quelconque n'a pas été employé à cet usage?

Cela est si vrai que M. Rutot lui-même a bien vite trouvé l'occasion de se défendre contre des gens qui voulaient aller encore plus loin que lui. Tel un ardent collectionneur de silex, M. Thieullen, à qui l'on doit un ouvrage sur les *Véritables instruments usuels de l'âge de pierre*. Depuis plusieurs années, l'auteur dépense un zèle presque fougueux pour faire reconnaître, comme ayant été utilisés par l'homme, à titre d'amulettes, d'idoles, de colliers, de pendeloques, de pierres-figures, etc., toutes sortes de silex, les uns percés de trous, les autres rappelant vaguement une tête de bœuf, de chèvre, ou la forme générale d'un oiseau.

C'était, d'ailleurs, une des idées qui avaient hanté le cerveau de Boucher de Perthes vers la fin de sa carrière. Aux environs de 1866, il montrait volontiers aux visiteurs de sa galerie une vitrine pleine de ces jeux de la nature, et persuadé que les premiers hommes n'avaient pas négligé de les remarquer et de les recueillir, il laissait clairement voir la grande tentation qu'il éprouvait d'en faire l'objet d'une publication.

Reprenant cette pensée, M. Thieullen déclarait apercevoir sur ces objets des traces de retouches, qui, à l'entendre, auraient été faites par les hommes primitifs, dans le dessein de rendre plus frappante une ressemblance entrevue.

Or, M. Rutot, après avoir consciencieusement examiné la collection de M. Thieullen, a écrit ce qui suit(1) :

« De tout ce que j'ai vu, il résulte :

« 1° Que les pierres figurées qui m'ont été montrées n'ont pu me convaincre en aucune façon de l'exactitude de leur définition. En dépit de ressemblances parfois étonnantes au premier abord, je n'ai pu trouver, à l'analyse, que des éclatements naturels et des traces d'utilisation indépendantes de toute intention d'améliorer la ressemblance.

« 2° Que les recherches personnelles que j'ai faites pour m'éclairer semblent tendre, actuellement, à démontrer que les primitifs n'ont reconnu en rien les figures que *nous* y voyons.

« Semblables en cela à pas mal de sauvages et même d'Européens actuels, nos ancêtres du quaternaire inférieur et du quaternaire moyen n'ont été frappés en rien par la forme qui attire notre œil exercé, attendu que sur la plupart des pièces très curieuses que j'ai recueillies, les traces de travail ou d'utilisation sont surtout visibles là où elles ne peuvent en rien améliorer les formes naturelles.

« Sans rien préjuger de ce que nous réserve l'avenir, voilà, je crois, où nous conduira l'ensemble des observations : à la négation des

(1) *Société d'anthropologie de Bruxelles*, 27 octobre 1902.

pierres figurées dans les industries dites éolithiques et paléolithiques anciennes ».

Naturellement M. Thieullen proteste et accuse les préjugés d'école. A l'entendre, c'est un abus d'exiger, comme critérium absolu de la taille intentionnelle, l'existence du bulbe de percussion, du plan de frappe, de la cassure conchoïde, des retouches, etc. Il écrit donc fièrement : « Tant que nous demeurerons sous le joug de cette servitude volontaire, dont nous sommes à la fois les esclaves et les dupes, nous tournerons autour de la civilisation préhistorique, nous n'y pénétrerons pas ». Et s'insurgeant contre ceux qui prétendraient « décréter le genre de facies et le nombre d'éclats exigibles pour qu'une pierre soit reconnue intentionnellement taillée », il ajoute : « Je connais certains cailloux sur lesquels un seul éclat a été enlevé, mais avec une telle entente de l'adaptation, que l'intention apportée est là aussi évidente que sur la pierre la plus artistement façonnée ». Enfin sa pitié s'émeut pour les incrédules, et il leur adresse cette apostrophe (1) :

« Sceptiques de parti pris, vous m'inspirez une profonde compassion ; vous n'avez des yeux que pour ceux que vous connaissez déjà ; je vous le dis par expérience, si partout je vois des pierres taillées, c'est que partout l'homme en a laissé ; et si vous êtes impuissants à les

(1) *Lettre à M. Chauvet*, Paris, 1898.

reconnaître, c'est que l'esprit de routine vous aveugle ».

Mais laissons M. Thieullen aux prises avec M. Rutot, qui le juge excessif, éprouvant à ses dépens qu'on finit toujours par trouver plus éolithique que soi !

Qu'ils s'accordent entre eux ou se gourment, qu'importe!

dirons-nous avec la servante de Molière. Ce qui nous importe à nous, c'est de constater qu'heureusement la maladie *reutélienne* n'a pas exercé ses ravages parmi les maîtres autorisés de l'école anthropologique française. L'un des mieux qualifiés, M. Boule, le savant professeur de paléontologie du Muséum, non seulement n'a jamais admis les prétendus éolithes, mais a, plus d'une fois, montré que la classification préhistorique de Bruxelles était « en l'air » ; qu'à ses divisions ne correspondait aucun ensemble défini de fossiles, et qu'on serait fort embarrassé de dire quels animaux avaient fait cortège aux hommes reutéliens, maffliens et mesviniens ; tandis qu'une faune bien spécifiée de grands mammifères caractérise le chelléen pour faire place, lors du moustérien, à un autre ensemble, très distinct du précédent. De cette façon, le poème éolithique, dépourvu de toute base paléontologique, demeurait une pure conception de l'esprit.

Quant à supposer que, par une faveur spéciale de la Providence, la Belgique aurait passé, au début du quaternaire, par une phase inconnue à tous les autres territoires, ce serait aller au delà des plus extrêmes limites de la condescendance. Certes, le pays où l'Escaut termine son cours peut être légitimement fier de son aptitude au commerce, à l'industrie et aux arts, qui lui permet de jouer dans le monde un rôle très honorablement disproportionné avec l'exiguïté de son territoire. Mais la géologie ne s'incline devant aucun privilège, et ses lois s'appliquent indistinctement à toute la surface terrestre.

En résumé, la légende, ou plutôt la fable éolithique, était déjà jugée aux yeux de la plupart des hommes de science. Mais il était réservé à l'année 1905 de voir jaillir inopinément une réfutation sans réplique, et de telle nature que le débat pourrait être clos par un universel éclat de rire, si la déconvenue n'atteignait que des sectaires, toujours prêts à ramasser partout ce qu'ils croient être des armes contre la religion. Malheureusement, avec eux se trouvent compromis des hommes de bonne foi qui, n'obéissant à aucune passion, ont cru faire œuvre de science, de sorte qu'on peut seulement leur reprocher de s'être aventurés un peu inconsidérément sur un domaine dangereux. Celui qui a créé le reutélien est du nombre. Ses services antérieurs méritaient un meilleur couronnement. Puisse la déception infligée le ramener aux pures études géologiques, où déjà il s'est acquis des titres durables !

En attendant, racontons ce qu'il est advenu de ces silex en l'an de grâce 1905.

§ 5. — La fabrication spontanée des éolithes

Les Parisiens en quête de villégiature connaissent et apprécient de longue date les charmes de Mantes-la-Jolie. Tous s'accordent à vanter la grâce de ses coteaux, l'élégante silhouette de sa cathédrale, la fraîche verdure des prairies où serpente la Seine. Autrefois même, s'ajoutait à ces mérites la limpidité des eaux du fleuve. Mais aujourd'hui, hélas ! on n'y voit plus couler qu'une sorte d'encre sale, nauséabonde et si riche en immondices que son limon de débordement est préféré par les agriculteurs à l'engrais le plus savamment combiné.

Ce n'est pas tout : l'industrie a envahi ce coin charmant. De grandes cheminées, d'une inflexible raideur, y projettent sur le ciel bleu la noire et lourde fumée du charbon de terre. Pourtant, ne nous plaignons pas trop, car c'est dans une de ces usines que nous allons trouver la clef du mystère des éolithes.

Une des particularités géologiques du site de Mantes est qu'en venant de Paris, on y voit définitivement affleurer la craie blanche qui, sortant progressivement de dessous son manteau si varié de terrains tertiaires, finira bientôt par constituer, de sa masse uniforme, tout le sous-sol de la contrée normande jusqu'à l'embouchure de la Seine. A la sortie de la ville, avant que la roche crayeuse ait atteint au-dessus de la rivière l'épaisseur qui, plus loin, lui permettra de se profiler sous la forme des blondes et pittoresques falaises de la Roche-Guyon, on peut s'assurer que la craie supporte une couche régulière d'argile, de même âge et de même nature que l'*argile plastique* bien connue des environs de Paris.

Le rapprochement immédiat de ces deux natures de roches a suffi pour déterminer l'établissement en ce point d'une industrie : celle de la fabrication du ciment, facile à obtenir par le mélange, en proportions exactement dosées, du calcaire très pur de la craie avec l'argile plastique qui la couronne. C'est cette industrie qui s'exerce dans l'usine de Guerville, aux portes de Mantes.

La craie extraite des carrières est concassée en morceaux qu'on verse, avec de l'argile délayée, dans une énorme cuve pleine d'eau, à l'intérieur de laquelle on fait tourner, vingt-neuf heures durant, un arbre vertical. A cet arbre est fixée une véritable herse en fer, qui ne cesse d'agiter le mélange sur toute sa hauteur. Ainsi malaxée, la craie se réduit en une bouillie, à laquelle s'incorpore l'argile, et qui, après décantation et séchage, est pétrie en petits cônes qu'on soumet à la cuisson.

Comme la plupart des craies blanches, celle de Mantes renferme des rognons de silex noir. Les ouvriers s'efforcent de les séparer et les rejettent en tas, destinés à être brisés en vue de la fabrication du béton. Mais, comme il ne serait pas économique de dépasser pour la craie, à la carrière même, une certaine limite de division, il arrive souvent que les morceaux jetés dans la cuve gardent en leur centre un nodule de silex, que les ouvriers n'ont pas pu soupçonner. Promptement débarrassé de sa gangue de craie par le rapide tourbillonnement imprimé au mélange (la vitesse de la herse à sa circonférence, de 4 mètres à la seconde, est celle du Rhône en temps de crue), le nodule s'isole et ainsi, dans l'appareil, au milieu de la boue crayeuse, s'agitent furieusement les rognons de silex qui, à tout moment, s'entre-choquent ou vont heurter les dents de fer du malaxeur. Quand la cuve a été vidée, ces silex, tombés sur le fond, sont enlevés pour être joints à ceux que l'exploitation directe avait fournis.

Or, en visitant l'usine de Guerville, où les collectionneurs de fossiles sont facilement attirés par la perspective d'y recueillir les espèces habituelles du terrain de craie, M. Laville, préparateur à l'Ecole des Mines, fut frappé de l'extrême ressemblance des silex extraits de la cuve avec les types éolithiques de M. Rutot (1). Il pouvait d'autant moins s'y méprendre que maintes fois il s'était trouvé pour cet objet en rapport avec le savant de Bruxelles. Depuis plusieurs années, M. Laville se livrait avec une prédilection spéciale à l'étude des graviers quaternaires de la région parisienne, et M. Rutot avait entrepris de lui persuader que,

(1) Laville, *Feuille des jeunes naturalistes*, 1905, p. 110.

dans la collection réunie par lui, les outils reutéliens ou mesviniens abondaient à côté des silex aux formes classiques.

M. Laville fit part de son observation à M. Boule, qui la vérifia sur place en compagnie de préhistoriens habiles et n'hésita pas à en reconnaître la justesse (1). Toutes les formes qualifiées d'éolithiques se retrouvent à Guerville sans la moindre exception, offrant une identité complète avec les spécimens de Reutel que M. Rutot lui-même a donnés aux collections de l'Ecole des Mines. Percuteurs, rabots, racloirs, retouchoirs, pierres à encoches, enclumes, etc., rien n'y manque, pas même, dans bien des cas, le fameux bulbe de percussion. Certains échantillons, déclare M. Boule, d'une perfection vraiment extraordinaire, paraissent avoir été l'objet d'un travail fini, de « retouches méthodiques et plusieurs fois répétées ».

Comment d'ailleurs s'en étonner? Les chocs continuels que les silex ont subis, durant ces vingt-neuf heures de tourbillonnement, ont eu pour effet d'enlever à chacun d'eux un certain nombre d'éclats et, plus d'une fois, cet éclatement a eu lieu de manière à reproduire les apparences qualifiées de reutéliennes. Pourtant, aucune volonté n'y est intervenue ; car si c'est l'intelligence humaine qui a combiné le mécanisme du déblayeur, assurément ce n'était

---

(1) *Comptes-rendus de l'Académie des Sciences*, CXL, p. 1729. — Voy. aussi l'*Anthropologie*, 1905, p. 257.

pas pour en faire sortir des silex taillés, la présence de ces nodules étant simplement une gêne pour la fabrication du ciment.

Or, ce que l'appareil de Guerville accomplit en vingt-neuf heures, grâce à la rapide rotation de la herse, les rivières quaternaires l'ont fait aussi pour leur compte, plus lentement, sans doute, mais en se reprenant à bien des fois. C'était dans les périodes de crues où les eaux, devenues torrentielles, entraînaient pêle-mêle des graviers et des silex, pour les abandonner au premier remous et les remettre en mouvement à la crue suivante. De là des chocs renouvelés, où les angles s'émoussaient, et qui infligeaient aux cailloux, périodiquement ballottés, des meurtrissures qu'on s'est plu à prendre pour des indices d'avivage ou de retouche. Et dire que, dans une brochure publiée en 1902, sous le titre de *Défense des éolithes,* M. Rutot démontrait savamment et mettait en vedette, sur la couverture de l'ouvrage, cette proposition : *Les actions naturelles possibles sont inaptes à produire des effets semblables à la retouche intentionnelle !*

Quel écroulement pour la légende éolithique ! Pauvre Aurore aux doigts de rose ! comme elle doit en vouloir à ceux qui ont eu la malencontreuse idée d'évoquer sa gracieuse image pour en faire la marraine d'une création à laquelle les ombres du crépuscule eussent été beaucoup mieux appropriées !

La démonstration donnée par les anthropologistes parisiens fera-t-elle définitivement l'accord sur la question? Il serait peu conforme à la nature humaine que ce résultat fût obtenu. On épiloguera sur les plus menus détails. De même qu'il y a fagots et fagots, on dira qu'il y a éolithes et éolithes et qu'il faut, pour diagnostiquer les vrais *avivages,* une finesse d'appréciation dont très peu de gens sont capables. D'ailleurs, comment convaincre d'insignifiance des matériaux dont la définition même, au dire de M. Thieullen, est de pouvoir être exempts de tous les signes auxquels la « routine » reconnaissait jusqu'ici la marque d'un travail intentionnel? Que répondre à ceux qui nous diraient : Prouvez-moi que ce caillou n'a jamais été utilisé par un homme, ou qu'un singe ne s'en est jamais servi pour casser une noix?

C'est égal; si la légende doit garder encore des fidèles, au moins parmi ceux qui l'ont mise en circulation, nous doutons que le nouveau culte réussisse désormais à faire beaucoup de prosélytes. Vraiment, ces pontifes ont fait trop bon marché de la méthode strictement scientifique, celle qui commande de ne rien avancer sans preuves péremptoires, et de mesurer le plus étroitement possible la part de l'imagination. Et puis l'expérience de Guerville a rendu trop difficile la foi en cet échafaudage de conjectures. Espérons qu'elle sera jugée décisive, et que non seulement Reutel, mais Thenay et les autres gisements du même genre sont enlisés pour toujours, en compagnie de l'homme tertiaire, au sein de la bouillie du malaxeur.

Merci donc aux industriels qui nous ont procuré ce bénéfice! Il vaut bien l'absolution pour le petit dommage que leurs usines peuvent avoir causé au paysage mantois. Merci surtout aux connaisseurs, comme M. Laville et M. Boule, qui, n'ayant jamais capitulé devant le mirage éolithique, ont su si à propos lui opposer la triomphante réponse des silex façonnés par entrechoquement mutuel! Encore un triomphe de ce « mutualisme » aujourd'hui si fort à la mode!

Jadis l'habile et spirituel crayon de Granville dotait l'art français d'un livre qui a joui en son temps d'une vogue légitime et qui s'appelait *Les Animaux peints par eux-mêmes*. Aujourd'hui, par la grâce des cailloux de Mantes, un nouvel ouvrage, celui-là écrit ou tout au moins inspiré par des hommes de science et susceptible d'être enrichi de photographies parlantes, pourrait venir s'ajouter avec avantage au catalogue de la littérature à la fois instructive et joyeuse : c'est le livre qui aurait pour titre : *Les silex taillés par eux-mêmes*.

§ 6. — L'authenticité des hommes fossiles

Si péremptoire que fût la leçon donnée par l'usine de Mantes, cette démonstration n'a pas convaincu tout le monde, et par application de cette boutade humoristique, en vertu de laquelle il est plus beau de persévérer dans une erreur que de ne l'avoir point commise, le témoignage des silex de Guerville a été reçu avec quelque dédain par les préhistoriens fougueux dont il contrariait les vues. Mais voici qu'à cet épisode comique vient s'ajouter un avertissement de plus haute portée. Celui-là ne s'adresse pas seulement à des fantaisistes aventureux. Il vise des théories jusqu'alors presque unanimement acceptées, et, s'il n'ébranle nullement les bases mêmes de la préhistoire, il nous apprend du moins qu'il y faut regarder à deux fois avant de se dire convaincu par certaines affirmations.

Il s'agit aujourd'hui, non plus de silex d'apparence douteuse, mais de restes humains appartenant aux plus lointaines époques. Après tout, on comprend que l'appréciation des silex taillés soulève certaines divergences, et que tous les observateurs ne soient pas immédiatement d'accord sur les signes auxquels doit se reconnaître l'intervention de l'homme dans le façonnement de ces outils. En revanche, il n'y a rien à dire quand on rencontre un squelette humain, ou même une simple portion de squelette, au sein d'un dépôt géologique susceptible d'être daté, au moins approximativement. En un mot, le témoignage d'un « homme fossile » est sans réplique, quand on peut prouver que le squelette en question est contemporain du dépôt où on le trouve, et n'y a pas été introduit postérieurement.

En fait les « hommes fossiles » sont très rares, nos ancêtres du début de l'âge de pierre n'ayant pas connu la coutume d'enterrer leurs morts. Il a donc fallu, pour la conservation de leurs ossements, des circonstances très spéciales, ce qui explique la rareté des trouvailles de ce genre. Parmi les cas qu'on en connaît, quelques-uns ont dû être éliminés après minutieuse enquête, parce qu'il s'agissait de supercheries, qu'on était parvenu à démasquer. C'est ainsi qu'après avoir fait grand bruit, la *mâchoire de Moulin-Quignon* a dû disparaître de la science. Le zèle bien connu de Boucher de Perthes pour les découvertes préhistoriques, et la générosité avec laquelle il traitait les ouvriers qui lui apportaient de nouvelles pièces, avaient excité chez quelques-uns la tentation d'abuser de ce bon vouloir. Et il fallut du temps avant qu'on parvînt à mettre en pleine évidence les preuves de l'escroquerie. De même, c'est au milieu d'éclats de rire que s'est terminée l'histoire d'un certain crâne fossile qu'on prétendait avoir découvert en Californie.

Du moins, à côté de ces mécomptes, subsistait-il des faits réputés indiscutables, et partout admis comme classiques ; entre autres, ceux du célèbre crâne de Cannstatt et du squelette du Neanderthal. Il n'est pas d'ouvrage d'anthropologie où l'on n'ait décrit avec complaisance les caractères de cette *race de Cannstatt* ou *du Neanderthal*, remarquable, affirmait-on, par une série de détails qui devaient la faire placer très bas dans l'échelle des types humains. Comme d'ailleurs, par leur gisement, ces débris paraissent bien appartenir à l'époque *paléolithique*, celle de la pierre simplement taillée par éclats, beaucoup plus ancienne que l'âge de la pierre polie et du bronze, on avait beau jeu pour soutenir que les types les plus anciens de notre espèce devaient être étroitement alliés aux singes anthropoïdes.

Dans son livre de 1897 sur *la formation de la nation française*, Gabriel de Mortillet a décrit tout au long ce qu'il appelle le *type du Néanderthal*, race si tranchée, selon lui, que les anciens principes des zoologistes permettraient d'en faire une *espèce* distincte (1).

« Quant à l'homme, notre premier ancêtre, ajoute-t-il, il n'était pas beau. Oh ! non, pas beau du tout ! Il avait encore passablement de caractères simiens. Il était de taille moyenne, plutôt petite, d'autant qu'il ne se tenait pas très droit : à large corpulence et à formes massives. La tête était longue, assez aplatie au sommet, largement développée en arrière. La figure se distinguait par un front des plus fuyants, sans trace de façade ; des arcades sourcilières très proéminentes, des yeux arrondis, une forte dépression entre le front et le nez qui était large. Léger prognathisme des mâchoires, qu'accentuait l'absence de menton et le rejet en arrière de la courbe mentonnière. Avant-bras relativement aplatis. Jambes plutôt courtes,

(1) P. 322 de l'ouvrage.

épaisses, mais peu modelées ; mains et pieds grands ; corps recouvert de poils, à en juger par les représentations humaines magdaléniennes. Ces hommes, remarquablement musclés, étaient très forts, très vigoureux, conditions indispensables pour lutter contre les grands animaux au milieu desquels ils vivaient. Tel est le portrait des premiers habitants de la France constituant la race de Neanderthal ».

A voir une telle précision de détails, on a le droit et même le devoir de supposer que les caractères si minutieusement énumérés résultent de la comparaison de très nombreux spécimens. On pourrait peut-être chicaner l'auteur sur ce qu'il nous présente, comme les plus anciens d'entre les Français, des êtres connus seulement par des débris trouvés en Wurtemberg ou en Westphalie. Plus légitime encore serait le grief de le voir chercher, dans les figures de l'époque magdalénienne, la représentation de types qui n'existaient plus alors. Mais faisons le sacrifice de ces reproches, et résignons-nous même, en raison de la nature du sujet, à nous contenter d'un petit nombre de preuves. Du moins l'assurance avec laquelle le portrait de nos ancêtres est ici tracé ne peut-elle se justifier qu'à une condition : c'est qu'il ne soit pas possible d'élever le moindre doute relativement à l'authenticité des hommes fossiles en question, ces *néanderthaloïdes*, comme les appelle ailleurs G. de Mortillet, en prenant sur lui d'affirmer qu'ils « grimpaient volontiers sur les arbres, comme le prouve leur constitution osseuse ».

Pourtant cette authenticité n'est rien moins que démontrée, si l'on s'en rapporte aux études que vient de publier tout récemment un des hommes qui, de nos jours, ont le plus approfondi les mystères de l'archéologie préhistorique, M. le docteur Hugo Obermaier.

Ce savant, répondant à une préoccupation qui avait été exprimée devant lui, dans son pays d'origine, par feu Zittel, le grand paléontologiste de Munich, s'est imposé la tâche de soumettre à une rigoureuse enquête la liste de toutes les découvertes anthropologiques enregistrées par les auteurs ; et il a fait bénéficier des résultats de cette enquête le recueil français l'*Anthropologie* (1), que dirige avec tant de compétence et d'impartialité M. Marcellin Boule, professeur au Muséum d'histoire naturelle.

« Seule, dit excellemment M. Obermaier, une critique patiente et méthodique basée sur une étude minutieuse des localités, des publications et des objets découverts, peut nous fournir ce puissant élément de certitude, digne de la science. Dans ce but, je me suis appliqué depuis plusieurs années à étudier tout ce qui a paru sur le sujet et à former une opinion solide en visitant, autant qu'il m'était

(1) *Les restes humains quaternaires dans l'Europe centrale*, dans l'*Anthropologie*, t. XVI (1905) et t. XVII (1906).

possible, les collections, les lieux des découvertes et les savants qui les avaient faites. Je publie aujourd'hui les résultats de ces recherches, dont le caractère est purement géologique ou archéologique. L'anthropologie et l'anatomie comparée pourront partir de ces données chronologiques pour aborder les côtés du problème qui les intéressent spécialement ».

L'enquête de M. Obermaier a eu pour principal effet de montrer avec quelle rare complaisance la science enregistre parfois certaines affirmations, dont le crédit se consolide avec le temps, alors qu'en réalité les faits sur lesquels elles reposent peuvent être dépourvus des garanties désirables.

Tel est précisément le cas des « hommes fossiles » de Cannstatt et du Neanderthal.

Cannstatt est une petite localité voisine de Stuttgart. En 1700, le duc Eberhard-Louis de Wurtemberg y faisait pratiquer des fouilles, motivées par la découverte d'un oppidum romain. A la base du gisement, on recueillit un certain nombre d'ossements fossiles, qui furent transportés au cabinet d'histoire naturelle de la capitale, où ils excitèrent le plus grand intérêt. Il y avait là des débris d'ours, d'éléphants et d'hyènes, appartenant à des types très différents des espèces actuelles. On y reconnut l'ours des cavernes, le mammouth et l'hyène des cavernes, animaux franchement *quaternaires*, et dont l'espèce est aujourd'hui éteinte.

Le premier rapport sur les fouilles a été rédigé, dans l'année 1700 même, par le médecin aulique Salomon Reissel. Cet auteur, qui était un excellent ostéologiste, insiste sur *l'absence complète de restes humains*, bien qu'il les eût recherchés avec grand soin.

Un an plus tard, un autre savant allemand, le docteur Spleissius, publiait, à Schaffhouse, un mémoire intitulé *Œdipus osteolithologicus seu dissertatio historico-physica de cornibus et ossibus fossilibus Canstadiensibus*. Lui aussi affirme qu'on n'a rien trouvé qui pût être comparé à des os humains. Les découvertes de 1700 ont encore été décrites dans un catalogue dressé entre 1723 et 1735 ; aucune mention de crâne humain n'y figure. Enfin l'affirmation de Reissel et de Spleissius a été répétée explicitement par un autre médecin aulique, le docteur Albert Gessner, une première fois en 1749, dans un travail relatif aux eaux salées de la localité, une seconde fois en 1753, dans une publication intitulée *Selecta physico-œconomica*.

Arrivons au dix-neuvième siècle. En 1812, Cuvier connaissait de Cannstatt une mâchoire humaine, mais pas de crâne ; d'ailleurs, en la mentionnant, il avait soin d'ajouter (1) : « On sait que le terrain fut remanié sans précaution et que l'on ne tint point note des diverses hauteurs où chaque chose fut découverte ».

D'où vient donc l'histoire ou plutôt la légende

(1) *Recherches sur les ossements fossiles*, t. Ier, p. 83.

du célèbre crâne de Cannstatt ? C'est en 1835, c'est-à-dire *cent trente-cinq ans* après les fouilles, qu'il en est pour la première fois fait mention. Le paléontologiste Jæger, au cours d'un travail sur les mammifères fossiles du Wurtemberg, déclare avoir rencontré, *dans une vitrine du musée de Stuttgart*, une portion de crâne à côté de quelques vases recueillis en 1700. Sur la seule foi de ce voisinage, et sans donner de description du crâne, il admet qu'il provienne des fouilles du duc Eberhard-Louis.

Après un tel exposé, on comprend qu'un savant de nos jours, le docteur de Hoelder, ait formulé cette conclusion, pleinement admise par M. Obermaier : *Il est absolument certain que le crâne de Cannstatt n'a pas été trouvé lors des fouilles de 1700*. Donc, quelque intérêt que ce spécimen présente par lui-même, on n'a, au regard de la science, aucun droit de le décrire comme quaternaire. On en a d'autant moins le droit qu'à Cannstatt même, dans le voisinage de l'Uffkirche, où furent exécutées les fouilles de 1700, on a plus tard mis à découvert un cimetière romain et un autre datant du moyen âge. Même, en 1816, on a exhumé, du tuf de la localité, une sépulture collective de l'âge de la pierre polie ou néolithique, et il paraît que ce tombeau était décoré avec des défenses de mammouth. Aussi répéterons-nous, avec M. Obermaier : « On voit avec quelle facilité on peut attribuer à ce crâne l'origine que l'on désire ». En tout cas, fonder une race sur un spécimen pareil, introduit on ne sait quand et on ne sait par qui, dans une vitrine de musée, et prétendre dater du même coup l'apparition sur le globe de cette race, est chose tout à fait abusive.

Mais, diront peut-être les anthropologistes de l'école de Mortillet, nous tenons peu à ce fragment de crâne, et nous le sacrifierons s'il le faut; car le véritable type de notre homme primitif, c'est celui du *Neanderthal*, représenté par un squelette entier. Voyons donc ce qu'on sait sur ce dernier.

Ici la littérature est d'une extraordinaire richesse, et peu de sujets auront autant fait couler d'encre. Depuis 1856, époque de la découverte, jusqu'à la fin de 1903, on ne compte pas moins de *trente mémoires*, dont les derniers, ceux de M. H. Rauff, paraissent bien avoir épuisé la discussion. Voici comment les conclusions de ce savant sont résumées par M. Obermaier :

« La vallée de Neander, qui doit son nom à un théologien du moyen âge, renferme une partie du cours de la Duessel qui, à cet endroit, se fraye, près d'Erkrath et Hochdal à l'est de Düsseldorf, un passage à travers le calcaire dévonien. Creusée à 60 mètres environ de profondeur, cette vallée recélait de nombreuses cavernes. C'est dans l'une d'elles, nommée la « Feldhofer-Grotte », qu'on a découvert, en 1856, les restes de l' « homme de Neanderthal ». La caverne était située sur le versant de gauche, environ à 25 mètres au-dessus de la rivière actuelle. Elle formait une cavité de voûte assez régulière, qui se terminait en forme de coin. Près de l'ouverture sur la vallée, elle avait 3 mètres de large et 2 m. 50 de hauteur ; l'ouverture elle-même était en forme de ceinture, *peut-être* trop petite pour laisser passer un corps humain. Elle était élevée un peu au-dessus du sol de la grotte et conduisait sur un plateau extérieur proéminent de surface inégale, qui était au même niveau que le bord inférieur de l'ouverture. Jusqu'à ce point (c'est-à-dire jusqu'à une hauteur de 2 mètres), la caverne était remplie de *lehm* (limon) dans lequel gisaient à 0 m. 60 de profondeur les ossements de l'homme du Neanderthal.

« Le docteur C. Fuhlrott en a sauvé la calotte crânienne, les deux fémurs, les deux humérus, les deux cubitus (à peu près entiers), le radius droit, la moitié gauche du bassin (os iliaque), un fragment de l'omoplate droite, cinq fragments de côtes et la clavicule droite presque entière. Ce même lehm contenait en outre des rognons épars de silex de la grosseur d'une noix.

« Voilà tout ce que nous savons sur le lieu et le contenu de la Feldhofer-Grotte. Aucun homme compétent n'a jamais vu le squelette humain *in situ*. Lorsque Fuhlrott, qui en a fait la découverte, arriva, les ouvriers, qui démolissaient la caverne, avaient déjà jeté au dehors le lehm et les os et les avaient précipités du parvis dans le ravin. On se trouvait ainsi réduit à leurs indications. On ne sait pas et on n'a jamais su si l'on avait affaire à un squelette complet ou non, combien d'os et lesquels s'y trouvaient primitivement, et comment ils étaient assemblés, soit dans un ordre anatomique, soit au hasard. On n'a jamais examiné sérieusement le lehm de la grotte au point de vue pétrographique ; on n'a jamais étudié exactement l'intérieur de la caverne même, les fentes qui faisaient communiquer la grotte avec la surface du plateau supérieur et les matériaux qui remplissaient vraisemblablement ces fentes ».

Ajoutons que le lehm ne renfermait, en dehors des ossements humains, *aucun débris paléontologique* qui eût permis de le dater. Ce lehm lui-même aura-t-il été amené dans la caverne par l'ouverture principale, ou s'y était-il introduit par les fentes du plafond ? Les ossements humains trahissaient-ils une sépulture, ce que rend douteux l'étroitesse de l'entrée, ou bien s'agissait-il d'un cadavre flotté, qui était venu échouer là ? Autant de questions auxquelles il est et sera toujours impossible de donner une réponse. En résumé, l'âge du squelette du Neanderthal n'est en rien défini, et c'est chose tout à fait arbitraire de vouloir l'attribuer au quaternaire ancien.

Tout aussi problématique serait le cas du crâne d'Eguisheim, près de Colmar. M. de Mortillet lui a donné une place d'honneur parmi les types de la « race du Neanderthal », en insistant sur le grand développement des arcades sourcilières, la forme très fuyante du front, l'allongement de l'écaille frontale, etc.

Or ce crâne a été trouvé, en 1865, à 2m50 de profondeur, dans le *loess* ou limon rhénan, associé à des ossements d'animaux qui paraissaient offrir le même degré de conservation, et où l'on a reconnu le cheval, le bœuf, le cerf, le mammouth. M. Schumacher, qui a repris l'étude du gisement, ne croit pas que le crâne soit quaternaire. D'autre part, en 1893, dans un champ voisin de la colline d'Eguisheim, M. Gutmann a trouvé un crâne qui offre avec celui de 1865 une grande similitude, et que M. Schwalbe attribue à une petite race, dont la taille n'aurait pas eu sensiblement plus de 1m50. Or, au même endroit, il a été découvert quatre tombeaux, ceux-là franchement *néolithiques*, c'est-à-dire de la pierre polie, et les squelettes qu'on en a exhumés accusent aussi une petite race, deux d'entre eux ayant 1m50 et 1m52 de taille, tandis que le troisième n'atteint pas 1m25. Voilà donc, sur un des prétendus berceaux de la race néanderthaloïde, une série de types, ceux-là datant presque de la période historique, qui reproduisent les caractères, réputés éminemment archaïques, de la race en question ! Enfin, le problème se complique encore du fait que, sur la colline d'Eguisheim, il y a des sépultures qui s'échelonnent depuis le néolithique jusqu'à l'époque des Francs.

En résumé, sur quoi repose en fait la « race du Neanderthal » ? Sur une portion de crâne, aperçue dans une vitrine de Stuttgart *cent trente-cinq ans* après l'époque de sa découverte présumée ; ensuite sur un squelette incomplet, dont aucun homme compétent n'a pu décrire le gisement ; enfin sur un crâne recueilli en Alsace dans les conditions les plus mal définies et les plus douteuses.

Pour quiconque serait résolu à appliquer strictement la méthode scientifique, les trouvailles de Cannstatt, de Neanderthal et d'Eguisheim auraient dû être de prime d'abord écartées. L'objet que l'on choisit pour *type* en histoire naturelle ne doit jamais rien présenter de suspect, et l'exacte *définition du gisement* qui le renferme est bien la moindre chose qu'on ait le droit d'exiger. Quelle valeur peut-on donc accorder à la distinction de ces races, prétendues primitives, alors qu'elles sont fondées sur un tout petit nombre de spécimens qui, les uns après les autres, se voient dépouillés par une saine critique du privilège d'authenticité dont on s'était empressé de les gratifier ?

D'ailleurs, l'enquête de M. Obermaier ne s'est pas bornée aux trois localités classiques dont il vient d'être question. Le savant anthropologiste a soumis au même contrôle toutes les découvertes du même genre, faites en Autriche-Hongrie et en Allemagne. Sa conclusion est qu'à côté d'un certain nombre de cas, où l'âge quaternaire des restes humains est clairement établi, la *majeure partie* des trouvailles enregistrées appartient à la catégorie des choses « erronées, douteuses, ou insuffisamment prouvées ».

Il n'en faudrait pas conclure que les constatations de M. Obermaier doivent jeter un absolu discrédit sur toutes les découvertes de débris humains fossiles. De ce que quelques-unes sont controuvées, ou au moins n'ont pas la signification qu'on s'était plu à leur attribuer, cela ne veut nullement dire que la thèse même de l'homme quaternaire doive être tenue en suspicion, et nous protestons d'avance contre ceux qui nous prêteraient cette pensée. Personne aujourd'hui, parmi les spécialistes compétents et exempts de tout parti pris, ne saurait nier que l'homme n'ait été, en Europe, le contemporain d'animaux disparus, dont les restes ne se trouvent qu'à l'état fossile. L'enquête que nous venons d'analyser n'avait qu'un objet : dénoncer la complaisance, pour ne pas dire la légèreté, avec laquelle on a pris plaisir à introduire, dans certain enseignement scientifique, des données plus que contestables, dans le dessein d'en tirer, relativement à nos premières origines, des conclusions passablement humiliantes. Mais, encore une fois, l'existence de l'homme quaternaire, représenté par ses ossements ou par les produits de son industrie, ne saurait aujourd'hui faire de doute.

Seulement, quelle ancienneté convient-il d'attribuer aux premiers ustensiles qui révèlent la présence, sur le globe, d'un être intelligent? Telle est la question que nous voudrions maintenant examiner.

II

L'ancienneté de l'homme et les glaciers

L'ancienneté de l'homme et les glaciers

§ 1. — La Chronologie des époques glaciaires et l'ancienneté de l'homme (1)

La notion de l'ancienne extension des glaces en Europe est aujourd'hui devenue si courante, qu'on a de la peine à se figurer que son introduction dans la science soit encore bien loin d'avoir un siècle de date. C'est en 1815 que l'idée en est venue, par simple intuition, à un modeste guide alpin, Perraudin, et Venetz, qui ne reçut pas sans surprise la confidence de cette conception, dut la mûrir quelque temps avant de se décider à s'en faire le champion. Il fallut ensuite, pour amener le triomphe de cette nouveauté, les efforts successifs des Charpentier, des Agassiz, des Desor, et la lumière ne parut faite que quand, il y a une cinquantaine d'années, Alphonse Favre se fut trouvé en mesure de définir avec précision le territoire que les glaces alpines avaient occupé. Encore cette démonstration ne fut-elle pas de suite acceptée par tous. Ceux qui, de 1860 à 1865, fréquentaient les cours de l'École des

(1) Extrait de la *Revue des questions scientifiques*, octobre 1906.

Mines, se souviennent encore de l'incrédulité, pour ne pas dire de l'irritation, que provoquait, chez l'illustre auteur de la théorie des soulèvements, toute allusion aux glaciers quaternaires. Il admettait volontiers de grands cataclysmes *diluviens*, distinguant même un *diluvium scandinave* et un *diluvium alpin* ; mais pour lui, tout cela était l'œuvre de violents cours d'eau, et il ne fallait pas lui parler de glaciers. Quand, en 1875, la Société géologique de France tint une réunion en Savoie, sous la direction d'Alphonse Favre, qui fi exprès, durant toute une journée, de promener les excursionnistes au milieu des anciennes moraines et des rochers polis, on pouvait encor entendre grommeler, parmi les groupes, quelques attardés de la vieille école, qui s'obstinaient à ne pas ouvrir leurs yeux à la lumière

Combien les choses sont changées depui lors, et qui donc aujourd'hui voudrait conteste l'ancienne extension des glaces, en dehor de quelques fantaisistes que la contradictio amuse, ou de faiseurs de systèmes, dont le conceptions *a priori* se trouvent dérangées pa les faits devant lesquels s'inclinent tous le observateurs de bonne foi?

Donc il ne s'agit plus maintenant de prouve que les glaces ont occupé d'immenses terr toires, non seulement autour des Alpes, o elles couvraient 150,000 kilomètres carré contre 4,000 qu'elles occupent aujourd'hu mais aussi autour des Pyrénées, des cimes d Massif Central, des Vosges et des Carpathe tout comme elles rayonnaient, sur des millions de kilomètres carrés, de part et d'autre de la Scandinavie ainsi que de la région laurentienne de l'Amérique. Il ne s'agit même plus de définir avec précision les limites atteintes par cette extension. A mesure qu'on s'appliquait à cette tâche, il a bien fallu reconnaître qu'il y avait moraines et moraines ; qu'entre deux dépôts morainiques d'ancienne date, il pouvait exister, sous le rapport de la constitution comme sous celui de la situation mutuelle, autant de différence qu'en pouvait présenter une moraine quaternaire, relativement à un dépôt glaciaire s'accomplissant sous nos yeux. La preuve fut bientôt faite, non seulement que l'extension quaternaire avait présenté des oscillations, au moins comparables à celles qui, de nos jours, font tantôt avancer, tantôt reculer les lobes de glaces ; mais que, parmi ces oscillations, il s'en trouvait d'une telle ampleur que parfois, entre deux périodes de progression, le terrain avait dû se trouver au moins aussi libre de glaces qu'il l'est aujourd'hui. En résumé, ce n'est pas à *une époque glaciaire* unique qu'on avait affaire, mais à *plusieurs*, séparées par des stades *interglaciaires*, et dont la succession a dû embrasser un énorme intervalle de temps. Mais alors, combien doit-on reconnaître de ces époques ?

Au début, dans le massif alpin, on en a clairement distingué deux. Les dépôts de la plus récente formaient, bien en avant des glaciers actuels, une ligne de moraines encore très fraîche, sinon continue, du moins facile à reconstituer dans son ancien contour, et dont les matériaux n'avaient subi aucune altération sensible. On y reconnaissait encore, sans difficulté, une boue glaciaire grisâtre, empâtant des blocs de toute dimension, dont beaucoup à contours anguleux, en même temps que plusieurs montraient des *rayures* caractéristiques. A cause de leur situation, à moindre distance des glaciers du temps présent, ces moraines furent appelées *moraines internes*.

Mais, en dehors du territoire qu'elles occupaient, les yeux des glaciéristes, désormais façonnés à ce genre de recherches, apprirent bientôt à reconnaître, épars çà et là, des lambeaux de cailloutis assez analogues aux précédents. Les éléments, il est vrai, en étaient sensiblement altérés, par suite d'une plus longue exposition à l'influence des agents atmosphériques. La surface, bien moins irrégulière, avait perdu les caractères habituels du *paysage morainique*. Mais la nature et la disposition des matériaux plaidaient pour une origine glaciaire. D'ailleurs, là où ces dépôts entraient en contact avec les moraines internes, on voyait celles-ci raviner très nettement les dépôts plus altérés. Ces derniers représentaient donc un état glaciaire plus ancien, qui s'était étendu en surface plus loin que l'autre, à une époque où la topographie de la contrée différait beaucoup de ce qu'elle est aujourd'hui. Ils appartenaient à une chaîne de *moraines externes*, chaîne aujourd'hui morcelée par le travail des cours d'eau, en même temps qu'oblitérée par la longue action des agents météoriques, mais suffisamment nette pour qu'on pût affirmer une première extension des glaces.

Plus d'une fois d'ailleurs, entre les moraines internes et la chaîne externe, on voyait apparaître, ravinant la dernière, mais recouvertes par les premières, soit de vraies alluvions fluviales avec débris de grands pachydermes ou de rhinocéros, soit des dépôts de lignites, où les restes végétaux trahissaient une température très clémente. Il y avait donc eu, entre la première et la seconde époque glaciaire, une vraie période *interglaciaire*, durant laquelle les vallées de la Suisse, auparavant enfouies sous un épais manteau glacé, avaient dû être dégagées jusqu'au cœur même du massif. Des constatations analogues étaient aussi faites en Amérique, où l'on apprenait à distinguer le vrai *drift* glaciaire, avec sa topographie morainique si bien accentuée, d'un *drift atténué*, capable de s'étendre jusqu'à des centaines de kilomètres en avant de l'autre. Ce drift atténué représentait ce que l'érosion et l'altération atmosphérique avaient bien voulu laisser subsister, parmi les dépôts d'une première invasion glaciaire qui, comme celle d'Europe, avait couvert plus d'espace que la seconde.

Ce premier point une fois acquis, la poursuite des levés géologiques de détail mit les observateurs dans la nécessité d'opérer, en chaque point, la séparation des dépôts respectivement attribuables aux deux époques. Ce travail, entrepris pour les Alpes orientales par M. Penck, le savant professeur de l'Université de Vienne (1), le conduisit dès 1883, non pas seulement à soupçonner, mais à établir par des faits, que le nombre des extensions glaciaires devait être porté à trois (2), sans préjudice des oscillations de moindre importance que chacune d'elles avait pu traverser. Les moraines internes continuant à jalonner la troisième invasion, tandis que les moraines externes correspondaient à la seconde, les traces de la première se trouvaient dans des cailloutis très altérés, occupant des *plateaux*, où ils formaient des lambeaux de *nappes*, tandis que les moraines internes et externes apparaissaient surtout sous forme de *terrasses aux flancs des vallées actuelles*. A ce moment d'ailleurs, à la notion des moraines proprement dites commençait à se joindre, et cela, grâce surtout à M. Penck, la considération des *cailloutis fluvio-glaciaires*, dont il convient maintenant de dire un mot, car elle a introduit des facilités particulières dans l'étude d'un problème dont à eux seuls les dépôts morainiques n'auraient pas suffi à fournir la solution, à cause de la facilité avec laquelle leurs éléments s'oblitèrent dans le cours des temps.

Lorsque le climat d'une région montagneuse est assez stable pour que les glaciers du massif

(1) Aujourd'hui transféré à l'Université de Berlin, où il a recueilli la succession du baron de Richthofen.

(2) *Die Vergletscherung der deutschen Alpen.*

ne subissent pas de variations notables, l'extrémité libre de chacun d'eux s'arrête à une certaine position moyenne, de part et d'autre de laquelle elle n'exécute que de faibles oscillations. Or la glace ne cesse de charrier des matériaux, amenés à sa surface par les avalanches, et qu'elle transporte lentement, soit sur ses bords et à sa surface, sous forme de *moraines latérales* et *médianes*, soit sur son fond, à titre de *boue morainique* et de *graviers sous-glaciaires*.

Arrivés à la fin de leur course, tous ces matériaux tombent en avant du glacier, et construisent une *moraine terminale* ou *frontale*, qui entoure en arc de cercle l'extrémité libre du lobe de glace, et fait face à l'aval par un talus, dont l'inclinaison est celle que la pesanteur assigne à un mélange de boue et de blocs de diverses grosseurs. À chaque instant, une portion de ce talus s'éboule, sous le poids de quelque grosse pierre ou sous l'action de la pluie. En même temps, la fusion de la glace engendre des ruisseaux qui sillonnent le talus et en accroissent l'instabilité. Avant de parvenir au torrent, qui constituera l'émissaire unique du glacier, chacun de ces ruisseaux entraîne, pour les déposer un peu plus bas, quelques-uns des matériaux de la moraine, la boue d'abord, les pierres ensuite. Tout cela donne naissance à des *cailloutis*, dont l'allure s'approche de plus en plus de celle des *alluvions torrentielles*, à mesure qu'on s'éloigne de la moraine qui en a fourni les éléments. Ceux-ci, d'abord anguleux et dispersés sans ordre dans une boue glaciaire, s'arrondissent et se classent peu à peu selon leur grosseur, perdant leurs rayures et finissant par se stratifier régulièrement.

Ainsi l'appareil terminal d'un glacier stationnaire est un amas plus ou moins large, en forme de demi-cercle, tournant sa convexité vers l'aval, et passant insensiblement de l'état de moraine franche à celui d'alluvion torrentielle. A son contact avec la glace, le mélange des éléments est tout à fait confus, et comme chaque oscillation secondaire du glacier amène sa charge de matériaux, tantôt en un point, tantôt à droite ou à gauche de l'amas déjà constitué, tous ces apports successifs donnent, à la surface de la moraine frontale, l'aspect chaotique qui caractérise le paysage morainique. C'est un enchevêtrement capricieux d'éminences de hauteurs inégales, interceptant entre elles des espaces où l'écoulement de l'eau ne peut plus se faire, et qui, au début, abritent autant de mares ou d'étangs.

Mais, quand on descend, tout se régularise, la surface cesse d'être indécise, et la vraie moraine fait place à un *cailloutis fluvio-glaciaire*. C'est ce que les Allemands ont coutume de désigner sous le nom de *Schotter*.

Maintenant, que le climat vienne à changer, en s'adoucissant, assez vite pour que la retraite du lobe de glace soit rapide, il restera, dans la vallée que celle-ci occupait, d'abord une dépression en amont, à l'endroit où stationnait la glace ; et cette dépression aura toutes chances de se transformer en un lac, le poids du lobe de glace stationnaire ayant dû, à la longue, entraîner un certain approfondissement. Ensuite on observera, dominant cette cuvette, un amphithéâtre franchement morainique, concave du côté de la dépression, et passant insensiblement, dans la direction opposée, à un cailloutis fluvio-glaciaire. Ce cailloutis aura un développement d'autant plus grand en longueur, que la moraine dont il dérive était elle-même plus considérable ; et les oscillations secondaires que subissait l'extrémité libre de la glace se traduiront par une véritable indentation de la moraine franche dans des cailloutis mixtes, le dépôt morainique débordant ceux-ci dans les périodes de crue, et se laissant envahir par eux dans les phases de décrue.

Il n'est donc plus nécessaire, pour affirmer la présence d'un ancien glacier, de retrouver une vraie moraine, exclusivement composée de blocs anguleux dans une boue sans stratification. La preuve en sera tout aussi bien fournie par un cailloutis fluvio-glaciaire, qu'un œil exercé saura toujours distinguer d'une alluvion exclusivement formée dans l'eau courante. C'est par l'étude méthodique des cailloutis que M. Penck était arrivé à distinguer trois phases glaciaires dans les Alpes allemandes, et, dans la même année 1883, il montrait que ces trois phases pouvaient également être discernées dans la région sous-pyrénéenne.

Mais ce n'était là qu'un premier aperçu, qu'une nouvelle étude de détail allait encore compliquer. En 1887, la section de Breslau de l'Association des alpinistes allemands et autrichiens avait mis au concours l'étude des anciens dépôts glaciaires dans les Alpes autrichiennes. M. Penck était tout indiqué pour cette tâche, à laquelle s'associa d'abord M. von Bohm. Ensuite le savant professeur de Vienne, encouragé par la société de Breslau, qui promettait son concours pour la publication des résultats, résolut d'étendre l'exploration au massif alpin tout entier, en s'assurant, pour la Suisse, la coopération de M. le professeur Ed. Brückner, de l'Université de Berne (1).

Il ne s'agissait plus, cette fois, d'un coup d'œil d'ensemble, destiné à fixer les grands traits du phénomène, mais bien d'une minutieuse enquête, en vue de définir, en chaque point de l'avant-pays alpin, ce qui pouvait revenir en propre à chacune des grandes extensions. La surface à étudier était considérable, les cailloutis fluvio-glaciaires de la principale invasion pouvant être suivis depuis le cœur de la chaîne jusqu'aux approches mêmes du Danube, dans la région d'Ulm.

Au cours de ses explorations, M. Penck fut surpris de l'allure singulière que semblaient affecter les cailloutis plus anciens aux alentours

(1) Depuis lors, M. Brückner a accepté la chaire de Géographie à l'Université de Halle-sur-Saale, qu'il a récemment quittée pour celle de Vienne.

du Lac de Constance. Partout ailleurs, il les avait vus former sur le plateau une nappe, doucement et régulièrement inclinée vers le nord. Le morcellement que leur infligeaient les vallées actuelles, découpées dans leur masse, n'empêchait pas de raccorder entre eux les divers lambeaux, et d'y suivre sans trouble les étapes de cette descente progressive vers le Danube.

Or, les environs du Lac de Constance semblaient donner à cette régularité d'allures un démenti formel. Les lambeaux reconnus offraient, les uns par rapport aux autres, d'inexplicables différences d'altitude. En cherchant à les raccorder, on trouvait que parfois le plongement paraissait se faire en sens inverse, c'est-à-dire vers les Alpes. Un moment M. Penck se demanda si, postérieurement à la formation de la nappe caillouteuse, il ne s'était pas produit, à titre de dernier écho du soulèvement alpin, une déformation qui eût entraîné des ondulations dans cette nappe. Mais des mesures de précision firent écarter cette hypothèse, en montrant qu'il eût fallu imaginer tout un ensemble de dislocations capricieuses, le plongement, absolument irrégulier, paraissant se faire, tantôt dans un sens, tantôt dans un autre quelconque.

Enfin, au commencement de 1898, la lumière vint éclairer ce chaos. Un jour, dans une excursion heureusement combinée, M. Penck vit nettement devant lui *deux nappes de cailloutis,* occupant des altitudes différentes, et dont chacune se reliait visiblement vers l'amont à un dépôt dont l'origine fluvio-glaciaire ne pouvait être méconnue. Armé de cette découverte, il s'appliqua à faire, dans toute la région, la part qui revenait à chacune des deux nappes, appuyant ses observations sur des mesures d'altitude poussées jusqu'à une approximation d'un mètre. Il eut ainsi la satisfaction de reconnaître qu'une fois ce départ effectué, toutes les irrégularités disparaissaient, chacune des deux nappes montrant, vers le nord, une inclinaison très régulière, et ses différents lambeaux se raccordant entre eux aussi bien qu'on pouvait le souhaiter.

Désormais, il était permis de regarder comme prouvé qu'il s'était produit *quatre* extensions glaciaires au lieu de trois ! Bientôt les Alpes orientales, dans les régions de l'Inn, de la Salzach et de l'Enns, vérifiaient à leur tour cette conclusion, pendant qu'en Suisse M. Brückner réussissait à reconnaître les quatre extensions signalées par M. Penck.

Voici donc l'état actuel de la question, tel qu'il est résumé dans la belle publication, entreprise sous les auspices de la section des alpinistes de Breslau et qui, commencée en 1901, en est actuellement à sa huitième livraison (1) :

Les quatre espèces de cailloutis fluvio-gla-

(1) Penck et Bruckner, *Die Alpen im Eiszeitalter*, Leipzig, Tauchnitz. Voir aussi Penck, *Archiv für Anthropologie*, 1903, p. 79.

ciaires du massif alpin se divisent en deux séries bien distinctes.

Ceux de la première s'observent toujours sur les plateaux qui séparent les vallées actuelles, où ils forment des lambeaux de *nappes*, d'où le nom de *Deckenschotter*, c'est-à-dire *cailloutis en nappes* ou *cailloutis des plateaux*. M. Penck distingue le cailloutis supérieur ou des *hauts plateaux*, et l'inférieur ou des *bas plateaux*. Le premier, dont les moraines sont presque complètement oblitérées, est remarquable par l'altération profonde que ses éléments ont subie. Les matériaux granitiques y sont entièrement décomposés. Ce cailloutis s'est étalé sur une *pénéplaine*, c'est-à-dire sur un avant-pays alpin déjà presque complètement aplani par l'érosion, mais dont la topographie a été depuis lors profondément modifiée, tant par l'étalement des nappes que par les vallées qui ont été creusées dans leur masse.

Le type du cailloutis supérieur a été choisi par M. Penck sur le plateau que traverse la rivière Günz, affluent qui aboutit au Danube entre Ulm et Augsbourg. L'invasion glaciaire à laquelle correspond cette nappe est donc l'*époque du Günz* ou le *Günzien*.

Le cailloutis inférieur, en lambeaux de nappes sur de bas plateaux, découpés dans les précédents, et moins altéré dans ses éléments, a son type sur le pays traversé par la rivière Mindel, qui aboutit au Rhin un peu en aval du Günz. L'invasion correspondante est celle de l'*époque du Mindel* ou *Mindélien*.

Les cailloutis de la seconde série se distinguent des précédents par un caractère essentiel. Ce n'est jamais sur des plateaux qu'on les trouve étalés. Ils s'observent *sous la forme de terrasses*, aux flancs des vallées actuelles. Ce sont des *cailloutis de terrasses*, ou *Terrassenschotter*, par opposition avec les *cailloutis de nappes* ou *Deckenschotter*. Quand ils se sont déposés, ces derniers étaient déjà entaillés par les rivières, qui devaient s'approfondir de plus en plus dans leur masse. D'autre part, il est toujours facile de retrouver les moraines auxquelles se rattachent les dépôts en question.

De ces dépôts des terrasses, les plus anciens, ou cailloutis des *hautes terrasses*, apparaissent ordinairement à 90 ou 100 mètres au-dessus du lit actuel des rivières correspondantes. Leur type a été choisi aux flancs de la vallée du *Riss*, affluent de l'Isar. Ils correspondent à l'*époque glaciaire du Riss* ou *Rissien*.

Enfin les cailloutis des *basses terrasses*, entaillés dans les précédents, et situés à 30 ou 35 mètres au-dessus des cours d'eau du temps présent, sont bien caractérisés dans la vallée du *Würm*, rivière qui, après avoir traversé le lac de ce nom, vient se perdre, un peu au nord de Munich, dans des marécages alimentant à la fois l'Isar et l'Amper. Ils accusent la quatrième et dernière invasion glaciaire, celle de l'*époque du Würm* ou *Würmien*.

Nous avons dit que les moraines du Günzien (celles du *deckenschotter* ancien) sont presque entièrement méconnaissables, tant l'action prolongée des agents météoriques en a modifié la composition. En revanche, on arrive à reconstituer les moraines du mindélien, et mieux encore celles des époques suivantes. On constate alors que les invasions du mindélien et du rissien se sont avancées plus loin que celle du würmien. Elles correspondent aux moraines *externes* de l'ancienne classification, tandis que seuls les dépôts du würmien représentent les moraines *internes*.

Il est des points où l'on peut encore reconnaître la présence simultanée des quatre cailloutis. Tel est le cas dans la vallée du Rhin, entre Schaffouse et Bâle, à Brugg, où ils s'échelonnent entre 305 et 500 mètres d'altitude, tandis qu'à Rheinfelden il n'y a pas entre eux plus de 20 à 30 mètres de différence de niveau.

Un trait caractéristique des cailloutis des trois premières invasions est que tous peuvent être recouverts par le dépôt limoneux jaunâtre connu sous le nom de *loess*, et qui, calcarifère à la base, est décalcifié et transformé dans le haut en *limon* brun. Cette boue, de formation subaérienne, est interglaciaire, et si elle a pu se former dans les intervalles des diverses invasions, c'est surtout entre la troisième et la quatrième qu'elle paraît s'être développée. Il est certains dépôts de loess qu'on voit nettement passer sous les moraines de l'extension würmienne.

La dernière progression glaciaire, celle du würmien, a laissé des traces si nettes que, non content de reconstituer ses moraines extrêmes, on peut entreprendre de démêler les oscillations successives du front des glaces durant cette période. M. Penck a reconnu quatre *stades* principaux de progression, qu'il a désignés, en commençant par les plus anciens, sous les noms de Achen, Bühl, Gschnitz et Daun. Il s'est assuré de la position que devait occuper, durant chacun de ces stades, la limite des neiges persistantes. Alors qu'en moyenne, par les précédentes invasions, cette limite était descendue entre 1,200 et 1,300 mètres au-dessous de sa position actuelle, la descente n'eût été que de 900 mètres pour le stade de Bühl, de 600 pour celui de Gschnitz, enfin de 300 à 400 pour celui de Daun. Ainsi, c'est par étapes que la retraite définitive des glaces se serait produite.

Dans l'intervalle des invasions glaciaires, non seulement la limite des neiges revenait à son altitude normale, mais parfois il lui arrivait de la dépasser sensiblement. Ainsi, entre le rissien et le würmien, il s'est formé à Hœtting, en Tyrol, par 1,150 mètres d'altitude, une brèche d'origine subaérienne, contenant des restes végétaux où figurent, à côté de plantes vivant encore dans la contrée, *Rhododendron ponticum* et *Buxus sempervirens*. Ces dernières formes sont nettement méridionales, et il s'y associe un *Rhamnus* très voisin d'une espèce connue aux Canaries. Au Caucase, la limite supérieure atteinte par *Rhododendron ponticum* jouit d'une température moyenne de 7° C., supérieure de 2 degrés à celle qui prévaut aujourd'hui à Hœtting, et la limite des neiges s'y tient à 3,000 mètres, soit à 400 mètres plus haut que de nos jours aux environs d'Innsbruck. Donc, à l'époque où se formait cette brèche, les glaciers alpins ne pouvaient manquer d'être plus petits qu'aujourd'hui.

Mais ici peut-être on demandera de quelle manière il est possible de reconstituer, pour une époque donnée, la position de la limite des neiges. Voici comment M. Brückner répond à cette question (1) :

Si, dans un massif, on parvient à reconnaître, par la recherche attentive des traces de moraines, ceux des plus hauts sommets qui ont dû porter de petits glaciers, la hauteur de ces sommets fixera une limite supérieure pour l'altitude des neiges persistantes, qui, évidemment, s'élevait au moins jusque-là. A côté de cela, la hauteur de ceux des sommets voisins qui, malgré une configuration propice à l'accumulation des glaces, ne laissent pas voir de traces de glaciers, assigne à la ligne des neiges une limite inférieure, puisqu'on peut affirmer que les neiges perpétuelles ne descendaient pas aussi bas. Entre les deux valeurs doit se trouver l'altitude cherchée.

Conjointement avec cette méthode qui, préconisée par J. Partsch, donne d'excellents résultats, une autre a été proposée par M. Kurowski.

---

(1) *Hettner's Geographische Zeitschrift*, 1904, p. 570.

Elle consiste à utiliser ce fait d'expérience, que l'*altitude moyenne de la surface* d'un grand glacier est justement égale à celle de la limite des neiges pour la région. Par altitude moyenne, il faut entendre le résultat de l'intégration de toutes les altitudes élémentaires, évaluées depuis le front de la glace, reconnaissable à ses moraines terminales, jusqu'à la région des névés, où cessent les moraines latérales. M. Brückner affirme que, par cette méthode, on obtient une approximation à cinquante mètres près.

Avant de quitter le sujet de la limite des neiges, ayons soin d'enregistrer encore une très importante remarque de M. Brückner. On sait combien l'extension glaciaire a été considérable en Suisse lors de la principale invasion, ainsi que le démontre la restitution des contours de l'ancien glacier du Rhône. Rien de semblable ne s'étant produit dans les Alpes orientales, on a cherché à expliquer cette différence en admettant que, par suite de la plus grande proximité de la mer, source des vents humides du sud-ouest, la limite des neiges devait, en raison d'une alimentation plus abondante, descendre à l'ouest du massif plus bas qu'à l'est.

Mais M. Brückner croit que la cause de cette particularité doit être cherchée dans l'obstacle que le relief du Jura opposait à l'extension de la glace. Si celle-ci n'avait pas rencontré la chaîne jurassienne, en descendant des massifs de l'Aar et du Mont-Blanc, elle se serait étalée en lobes étendus, sur lesquels l'ablation se fût exercée de façon normale et en eût entravé le progrès. Forcée de s'accumuler contre la barrière montagneuse, au point d'atteindre devant elle une épaisseur parfois supérieure à un millier de mètres, avant de trouver une issue à l'ouest par certains cols du Jura, la glace a gonflé de telle sorte, qu'en beaucoup de points sa surface libre en est arrivée à dépasser la limite des neiges. De la sorte, un état de congélation permanente s'est établi au-dessus des points où, sans cet amoncellement, l'ablation aurait empêché l'augmentation d'épaisseur du lobe glaciaire.

Ainsi, à partir du moment où son extension lui a fait atteindre le pied du Jura, le glacier du Rhône a dû devenir, pour le climat de la région, un facteur prépondérant, agissant de manière à y opérer un relèvement progressif de la limite des neiges.

De cette façon, tandis que, dans les Alpes orientales, le glacier de la Salzach, libre de se développer sans obstacles, n'a couvert, lors du rissien, que 8 0/0 de plus que la surface qui devait être occupée plus tard par l'invasion würmienne, la différence de superficie, entre les deux invasions, atteint en Suisse 30 0/0 au profit de la première. Et pourtant, de l'une à l'autre, et pour les deux territoires, la même différence s'est maintenue entre les altitudes respectives de la limite des neiges ; c'est-à-dire que, dans les Alpes orientales comme en Suisse, à l'époque du rissien, cette limite descendait à 100 ou 150 mètres plus bas que plus tard, lors du würmien.

Mais revenons maintenant à la succession des phases de l'époque glaciaire. Ce n'est pas tout de l'avoir établie avec une précision dont l'exemple n'avait pas encore été donné. Un autre devoir s'imposait à M. Penck, celui de dater ces alternatives en définissant leur concordance avec les divisions chronologiques des temps quaternaires, pendant lesquels elles se sont déroulées.

On sait que la chronologie quaternaire repose sur l'emploi combiné de l'argument archéologique, déduit de l'étude des produits de l'industrie humaine, et de l'argument paléontologique, fondé sur les variations de la faune, spécialement des grands herbivores, durant le même temps.

A ce point de vue, on a coutume de distinguer, au début, une époque *chelléenne* (1), où les silex, très roulés et grossièrement taillés en forme de *coup de poing* amygdaloïde, sont accompagnés par les restes de l'*éléphant antique* et du *Rhinoceros Mercki*, espèces qui, jointes aux coquilles caractéristiques de cette phase, entre autres la *Corbicula fluminalis*, indiquent un climat plus chaud que le climat actuel ; d'où le nom de *faune chaude*, donné à cet assemblage d'animaux.

Dans l'époque suivante ou *acheuléenne* (2),

(1) De Chelles-sur-Marne.
(2) De Saint-Acheul près d'Amiens.

le coup de poing est plus régulièrement taillé, plus petit, sensiblement moins roulé, et avec lui commencent à se montrer les formes dites *pointe à main* et *râcloir*, lesquelles deviendront plus fréquentes avec l'époque *moustérienne* (1). La faune acheuléenne est plus froide, comprenant des animaux à toison, tels que le *mammouth* (*Elephas primigenius*) et le *Rhinoceros tichorhinus*. Ceux-ci persistent dans la phase moustérienne, où se montre déjà le *renne* (*Rangifer tarandus*), en même temps que les outils de silex prennent des formes de plus en plus lancéolées (2).

Un perfectionnement de la taille des silex, en forme de feuilles de laurier, caractérise le *solutréen* (3), dont la base, abondante en restes de chevaux et en rongeurs de steppes, ne contient pas encore les pointes de flèches et les têtes de lances de la partie supérieure. Alors apparaît le *magdalénien* (4) typique, époque des dépôts des cavernes, avec ossements de *renne* et instruments d'os ou d'ivoire portant des gravures et des sculptures ; après quoi l'humidité revient, rendant la prédominance au *cerf*.

Là finit le *paléolithique*. Les dépôts qui viendront après appartiendront au *néolithique* ou âge de la *pierre polie*, précédant immédiatement l'époque actuelle.

---

(1) De l'abri-sous-roche du Moustier (Dordogne).
(2) OBERMAIER, *Archiv für Anthropologie*, 1906, p. 306.
(3) De Solutré en Dordogne.
(4) De La Madelaine en Périgord.

Cette classification étant admise, le procédé à employer, pour dater les cailloutis glaciaires, paraît très simple en principe. Il s'agit de rechercher les stations paléolithiques situées dans le voisinage du massif alpin, et d'établir leurs rapports de juxtaposition ou de superposition avec les divers cailloutis. Par exemple, si un cailloutis d'âge rissien bien déterminé supportait un gisement paléolithique d'âge acheuléen, c'est que l'époque acheuléenne serait postérieure à l'invasion rissienne. De même une station dont la surface se montrerait ravinée par un cailloutis würmien serait évidemment préwürmienne.

Malheureusement les stations paléolithiques du pourtour des Alpes appartiennent presque toutes aux diverses phases de l'époque magdalénienne, et, parmi celles qu'on voit en relation avec des cailloutis définis, il en est très peu de plus anciennes. Une seule a paru à M. Penck susceptible de fournir une indication décisive. Encore est-elle fort loin des Alpes ; c'est la station de Villefranche-sur-Saône, un peu en amont de Lyon et en aval de Solutré. Là s'observe, à une dizaine de mètres au-dessus de la rivière, une terrasse d'alluvions recouverte de loess, et où l'on trouve, en même temps que des outils de type moustérien franc, un assez curieux assemblage d'ossements, offrant l'association de l'éléphant antique, même de l'éléphant méridional, avec le mammouth, le rhinocéros à narines cloisonnées et enfin le renne.

La terrase de Villefranche, étant recouverte de loess, ne pouvait être qu'interglaciaire, et antérieure au würmien. Seulement quelle faune devait la caractériser? Evidemment, il y avait remaniement et mélange d'éléments d'âges différents. Mais lesquels devaient être considérés comme contemporains du dépôt?

Plusieurs observateurs faisaient remarquer qu'à Villefranche les débris de la faune chaude étaient caractérisés par leur état fragmentaire et roulé, leur couleur brune et leur densité plus forte, attestant une fossilisation plus profonde. C'était donc aux dépens d'un dépôt contenant ces débris que le remaniement avait dû s'opérer, à une époque sensiblement plus tardive que celle de l'éléphant antique. Au contraire, les outils moustériens étaient à peine roulés, offrant des arêtes vives, et les restes d'animaux de la faune froide (mammouth, rhinocéros à peau laineuse) ne montraient pas de traces d'usure.

Cependant, M. Penck se rangea du côté des partisans de l'hypothèse adverse et, regardant les restes de l'éléphant antique comme la preuve d'un retour de la faune chaude avant le début du würmien, il admit que, dans le dépôt, les outils et les fossiles moustériens existaient à l'état remanié. Le moustérien en place se trouvait ainsi reporté dans la phase interglaciaire intermédiaire entre le rissien et le mindélien. Il en caractérisait la fin, le début, plus chaud, de la même phase interglaciaire, correspondant au chelléen. La phase de

Villefranche elle-même aurait été suivie par la phase froide du solutréen inférieur, précédant l'invasion würmienne, contemporaine du solutréen supérieur, le magdalénien venant à son tour s'enchevêtrer parmi les oscillations du würmien.

D'après cette solution, l'humanité préhistorique et paléolithique aurait assisté successivement : 1° à la période interglaciaire du chelléen ; 2° à l'invasion rissienne du moustérien ; 3° à la période interglaciaire de Villefranche ; 4° à l'invasion glaciaire du würmien. Comme de telles vicissitudes impliquent, selon toute vraisemblance, un nombre d'années considérable, il en résultait que la civilisation chelléenne devait remonter à une très haute antiquité.

Tel était l'état des choses quand, durant l'été de 1905, un élève distingué de M. Penck, M. Hugo Obermaier, entreprit l'étude des cailloutis de la région arrosée par la Garonne et l'Ariège. Déjà, en 1883, M. Penck avait visité la contrée, où jusqu'alors on ne connaissait qu'une seule extension glaciaire ; et le savant viennois avait montré que, tout comme dans les Alpes, il était possible d'en distinguer trois. A son tour, éclairé par l'expérience acquise dans le massif alpin, M. Obermaier (1) vient de montrer que les quatre invasions pouvaient être reconnues dans la région sous-pyrénéenne, et qu'à ce point de vue il y avait identité entre les deux massifs.

(1) *Archiv für Anthropologie*, 1906, p. 299.

De ces extensions, une seule, la dernière, a laissé une ligne bien reconnaissable de moraines, jouant un rôle tout à fait semblable à celui des moraines *internes* dans les Alpes. Ce sont, par exemple, les placages morainiques observés contre les rochers striés de Lourdes. Les autres invasions ne sont plus représentées que par des cailloutis. Le plus ancien, correspondant au premier *Deckenschotter*, s'observe à environ 150 mètres au-dessus des vallées. Il mérite le nom de *gravier des plateaux*. Une très bonne représentation de cette nappe se trouve dans les *alluvions anciennes* du plateau de Lannemezan, si profondément altérées, par une longue exposition à l'air, que les anciens cailloux du dépôt, devenu argileux, ne se distinguent plus que sur les cassures fraîches, grâce à une différence de couleur qui dessine leur forme extérieure. M. Boule, à qui revient le mérite d'avoir très bien discerné le caractère et l'origine de ces alluvions, avait établi du même coup que leur dépôt, antérieur à l'époque de l'éléphant antique, était d'autre part postérieur au miocène supérieur.

Le second cailloutis est assez difficile à suivre; car il est réduit à l'état de terrasse, dominant de 100 mètres le lit de la Garonne actuelle. A la Bastide-Clermont, cette *haute terrasse* a 5 kilomètres de largeur. La troisième ou *moyenne terrasse* apparaît à 55 mètres au-dessus de la Garonne et sa largeur est à Leguevin de 12 kilomètres. Enfin la quatrième ou *basse terrasse* accompagne, vers 15 mètres de hauteur, tout le cours de la rivière entre Cazères et Toulouse. La liaison de cette dernière terrasse avec les moraines d'où elle dérive a été bien mise en lumière en 1894 par M. Boule.

Cela posé, tandis que les dépôts paléolithiques sont très rares à proximité des cailloutis alpins, les stations de cet âge sont nombreuses dans le bassin de la Garonne, où elles ont fait l'objet de fouilles, de collections et de descriptions classiques, auxquelles M. Obermaier a pu facilement se reporter. De cette comparaison méthodique sont sorties les conclusions suivantes (1) :

Dans les gisements paléolithiques de la vallée de la Garonne, les outils sont en quartzite, ce qui explique leur taille plus grossière, qui leur donne une apparence plus ancienne. Ces gisements appartiennent à l'acheuléen, très peu séparé d'ailleurs du moustérien. Ils sont situés dans ou sur la moyenne terrasse et ont dû se déposer lors de la phase terminale ou froide de la dernière époque interglaciaire, tandis que l'industrie franchement moustérienne, trouvée dans les grottes de Bize et de Minerve, correspondrait à l'invasion glaciaire du würmien. D'ailleurs le moustérien typique ferait complètement défaut sur le territoire arrosé par la Garonne e

(1) Une obligeante communication de l'auteur nous permis d'avoir connaissance de la seconde partie de so travail avant sa publication définitive.

l'Ariège, tandis qu'on le retrouve, soit à l'ouest (par exemple à Pouy) dans les Landes, soit à l'est dans l'Aude.

L'importance de ces conclusions ne saurait être méconnue ; car il ne s'agit plus là d'hypothèses ni de rapprochements douteux. Pour la première fois (puisque le gisement de Villefranche est susceptible d'interprétations si discordantes) que des stations paléolithiques ont pu être exactement datées par des caractères *géologiques*, ces constatations font ressortir l'âge *ante-würmien* des gisements acheuléens. Ces gisements, caractérisés, en outre des outils d'industrie humaine, par le mammouth, le rhinocéros à peau laineuse et le renne, appartiennent à l'époque où se déposait le loess, dont la formation a terminé la dernière phase interglaciaire.

Quant aux stations paléolithiques de la région toulousaine, qui reposent directement sur le terrain miocène, comme celle de l'Infernet, où les outils continuent à être franchement acheuléens, elles se trouvent à une si petite hauteur au-dessus des cours d'eau actuels, qu'on ne peut les attribuer raisonnablement qu'à l'une des phases terminales du quaternaire (1).

Reste la question des gisements paléolithiques plus récents que l'acheuléen. La partie du travail de M. Obermaier qui les concerne

(1) Obermaier, *loc. cit.*, p. 310.

n'est pas encore publiée (1); mais l'auteur a bien voulu nous faire connaître ses conclusions, en nous autorisant pleinement à en faire usage.

Pour lui, le moustérien franc correspond à la dernière extension glacière (würmienne). A cette extension aurait succédé une première période *postglaciaire*, à laquelle répondent les gisements solutréens. Ensuite aurait apparu l'industrie magdalénienne, laquelle, ainsi qu'on l'a bien souvent remarqué, accuse, non pas le climat humide et froid qui aurait été nécessaire pour déterminer une progression des glaciers, mais un climat froid et *sec*, qui devait contraindre l'homme à se réfugier dans les cavernes, en favorisant le développement du renne et des petits rongeurs de steppes, jusqu'au retour de l'humidité.

Il faut le reconnaître : ces nouvelles assimilations, fondées sur des faits précis, vont déranger beaucoup d'idées trop facilement admises jusqu'ici. Bien que certains gisements, comme ceux de la Somme et de la Marne, nous montrent le chelléen et l'acheuléen en contact immédiat, on avait mis une complaisance excessive à accepter la séparation absolue de ces deux époques, jusqu'à en faire les représentants de deux phases interglaciaires différentes, séparées l'une de l'autre par l'énorme intervalle de temps nécessaire à l'accomplis-

(1) Cette publication a eu lieu entre la rédaction et la correction du présent article.

sement de l'invasion rissienne. Pourtant, à plus d'une reprise, dans des gisements non remaniés, l'éléphant antique et le mammouth se sont trouvés ensemble, ce qui prouve qu'il n'y a pas d'abîme entre la faune chaude et la faune froide. En outre, les outils acheuléens ne diffèrent pas assez de ceux du chelléen pour qu'il soit vraiment à propos d'intercaler, entre ces deux industries, la longue interruption qui correspondrait à la durée d'une invasion glaciaire ; surtout d'une invasion aussi importante que celle du rissien, la plus considérable de toutes.

Combien est plus simple la solution de M. Obermaier, faisant du chelléen et de l'acheuléen deux épisodes immédiatement successifs, l'un chaud, et l'autre froid, de la dernière phase interglaciaire ! Après cela le moustérien franc, avec ses instruments d'ordinaire si profondément patinés, comme s'ils avaient subi de nombreuses alternatives de gelée et de dégel, trahirait l'invasion würmienne, à laquelle aurait succédé, mettant fin au progrès des glaces, la phase des steppes du solutréen, suivie par le régime sec et froid du magdalénien. C'est alors que se serait produit un retour d'humidité, caractérisé par les dépôts du Mas d'Azil (Ariège), avec lesquels finit l'âge *paléolithique*.

Si l'on songe que, dans ces derniers temps, il ne manquait pas d'auteurs pour tenter d'évaluer, en centaines de mille années, le temps qui avait dû être nécessaire pour le développement de chacune des diverses industries paléolithiques (1), en les supposant séparées par de longues interruptions glaciaires, on appréciera toute la valeur de l'avertissement donné, par les observations de M. Obermaier, à certains préhistoriens trop pressés de conclure d'après des faits insuffisamment démontrés. Pour l'instant, il demeure infiniment probable que, si l'on met à part le prétendu homme *éolithique*, dont la fortune momentanée semble aujourd'hui fort compromise, l'humanité préhistorique n'a vu sa carrière traversée que par une seule invasion glaciaire, accomplie à l'époque où le *coup de poing* classique commençait à se lancéoler, et où le renne se préparait à supplanter définitivement le mammouth sur notre sol. Sans doute, cette invasion ne s'est pas accomplie en un jour, et a dû exiger un nombre assez considérable d'années, qu'il faut ajouter, pour connaître l'âge de la première apparition de l'homme, d'abord à la durée des industries chelléenne et acheuléenne, ensuite aux quelques miliers d'années qui ont pu s'écouler depuis la dernière retraite des glaces jusqu'à nos jours. Mais il y a loin, sans doute, de ce total, encore inconnu pour l'instant, aux chiffres fantastiques qu'on s'était plu à énoncer.

En tout cas, il est intéressant de constater qu'au lieu de reculer nos premières origines dans un passé de plus en plus lointain, l'habile et consciencieuse étude de M. Obermaier

---

(1) Une brochure a été récemment publiée sous le titre : *Douze cent mille ans d'humanité.*

apporte des arguments considérables en faveur d'une notable réduction des évaluations précédemment admises.

§ 2. — Les rapports de l'époque paléolithique avec le développement des anciens glaciers

Les phases de l'époque paléolithique, telles que nous les avons précédemment énumérées, représentent à coup sûr une succession variée d'événements, qui a dû exiger une suite d'années assez respectable. Mais comment en évaluer la durée? Pour cela, il faudrait posséder un *chronomètre* géologique applicable aux conditions des temps quaternaires.

Ce chronomètre, on a pu se figurer un moment qu'on en trouverait les éléments dans l'étude des anciennes alluvions de nos rivières. En effet, c'est dans ces alluvions, aujourd'hui étagées à diverses hauteurs aux flancs des vallées actuelles, qu'on trouve, à l'état plus ou moins roulé, soit les silex taillés de l'époque paléolithique, soit les ossements des animaux quaternaires, tels que les molaires et les défenses du mammouth ou les dents de rhinocéros. Ce sont des lits de cailloux, des graviers, des sables et des limons. S'il était possible d'évaluer le temps qu'a exigé le dépôt de ces lits successifs, en additionnant leurs épaisseurs, dans les gisements où la série paraît la plus complète, on pourrait assigner à chacun d'eux, et par suite aux restes qu'ils renferment, une date à peu près exacte.

Malheureusement, le dépôt des alluvions n'obéit à aucune loi de périodicité. Une rivière ne remanie ses graviers que lors des crues. A ce moment d'ailleurs elle peut détruire des dépôts antérieurement formés, et toute la partie supérieure d'une ancienne alluvion risque d'être totalement ou partiellement démantelée, avant que de nouveaux dépôts soient venus la recouvrir. Lors donc qu'il s'agit de gros graviers, même de sables, il paraît impossible de baser sur leur épaisseur une évaluation même approximative.

En est-il de même quand on a affaire à ces limons fins, où se rencontrent d'habitude les instruments de l'époque moustérienne? Pour ceux-là du moins ne pourrait-on pas se faire une idée du temps employé pour leur formation ?

C'est ce qu'on a cru un instant, à la suite des grands travaux exécutés, à l'embouchure de la Loire, pour la création du port de Saint-Nazaire. Il avait fallu creuser, en vue des bassins projetés, des grandes tranchées à travers les anciens dépôts du fleuve. Au début, les parois des excavations avaient paru constituées par une vase très homogène. Mais, au bout de quelque temps d'exposition à l'air, l'ingénieur qui dirigeait les travaux remarqua qu'il se dessinait, dans cette boue devenue sèche, une véritable stratification, en lits minces superposés. D'autre part ces lits n'étaient pas identiques, mais offraient la fréquente répétition d'une série de trois termes : à la base, une couche où le grain était moins fin, laissant apparaître de menus graviers; au milieu, une vase à peu près impalpable; au sommet un lit charbonneux, évidemment formé par des végétaux en partie décomposés.

Celui qui avait fait cette observation crut pouvoir en conclure que chaque série de trois termes représentait le travail d'alluvionnement d'une année; la couche inférieure correspondait à la saison froide, caractérisée par une plus grande puissance du courant; dans la vase limoneuse, il fallait voir le produit du printemps; enfin, la couche végétale marquait la saison chaude, pendant laquelle la rivière ne transportait plus que des herbes et des roseaux. De la sorte, on pouvait compter le nombre des années par celui des séries identiques de trois termes.

Mais il fut facile de répondre qu'au lieu d'une alluvion annuelle, on n'avait affaire, dans chacune des séries observées, qu'au produit d'une seule crue. Au début, la violence du courant lui permet de charrier des graviers; quand la vitesse diminue, la rivière ne peut plus transporter que de la boue, c'est-à-dire de la vase ou du limon. Enfin, au moment où les eaux, devenues stagnantes, sont sur le point de rentrer dans leur lit, on voit flotter à la surface et se déposer sur le terrain inondé des herbes et des roseaux; et s'il arrive qu'avant d'avoir subi une pourriture complète à l'air libre, ces restes végétaux soient recouverts par le produit d'une nouvelle crue violente, ils formeront, à la base des graviers de fond, une couche charbonneuse. En résumé, les séries triples représentent chacune l'œuvre d'une crue. Or les inondations sont très capricieuses. Il en peut survenir plusieurs dans une même année ; comme aussi de longs intervalles peuvent séparer deux crues successives. Il n'y a donc aucun fond à faire sur ce prétendu chronomètre.

En réalité, les seules évaluations de la durée qui puissent avoir quelque précision sont celles où l'on peut faire intervenir des considérations astronomiques. Cette science, qui prédit, à quelques secondes près, les éclipses destinées à se produire dans dix, vingt et même cent mille ans, est également en mesure de nous dire dans quelle position relative se trouvaient la terre, le soleil, la lune et les autres planètes il y a trente ou quarante dizaines de siècles. Si donc il était possible de mettre la succession des phases de l'âge de pierre en rapport avec quelque phénomène astronomique, le chronomètre souhaité serait trouvé.

C'est ce rêve que quelques hommes de science ont cru réaliser, dès le jour où il a été reconnu que la véritable caractéristique des temps quaternaires consistait surtout dans l'extraordinaire développement qu'ont pris à un certain moment les glaciers, soit dans les hautes latitudes, soit dans les massifs montagneux, notamment celui des Alpes.

Il n'y a pas encore un siècle que cette notion s'est introduite dans la science. Entrevue pour la première fois, dans une intuition qu'on peut appeler géniale, par un simple guide alpin, elle a mis du temps à s'imposer, tant elle dérangeait les conceptions admises. Ce n'est pas que les géologues eussent failli à reconnaître l'importance du rôle joué, à la surface du sol, notamment sur toute l'étendue des plaines de l'Allemagne du Nord, par des dépôts de terre, de sable et de blocs, dont l'origine ne pouvait être attribuée qu'à un transport lointain. En effet, aucun des blocs ainsi disséminés n'appartenait aux terrains qu'on pouvait voir en place dans le voisinage. Au contraire, ils se montraient identiques avec des roches bien connues en Norvège, en Suède ou en Finlande. En particulier, on connaît dans cette dernière contrée une variété spéciale de granit qui n'existe nulle part ailleurs. Or, dans les plaines de la Poméranie et du Brandebourg, on ramasse fréquemment des blocs qui sont constitués par la roche en question.

Aussi n'avait-on pas hésité à reconnaître l'origine étrangère de ces dépôts, et le nom d'*erratiques*, par lequel on les désignait déjà, prouve que l'idée d'un lointain transport était déjà pleinement acceptée. Seulement, l'hypothèse de grands *courants diluviens* semblait en fournir une explication suffisante ; et on s'y tenait d'autant plus volontiers que cette conception flattait la tendance de l'époque, à faire intervenir périodiquement, dans l'histoire de l'écorce terrestre, des catastrophes violentes ou « cataclysmes ». Seulement, remarquant que les plaines du nord ne laissaient voir que des éléments d'origine septentrionale, tandis que, sur tout le pourtour des Alpes, les matériaux du dépôt erratique étaient exclusivement empruntés au massif alpin, on admit l'existence distincte d'un *diluvium scandinave* et d'un *diluvium alpin*.

Mais on fut bientôt forcé de reconnaître que l'arrangement des dépôts erratiques n'offrait aucun des caractères par lesquels se trahit l'action des eaux courantes. Alors on fit intervenir les glaces flottantes, jusqu'au jour où la mise à découvert des terrains recouverts par le « diluvium » montra jusqu'à l'évidence (comme c'est le cas à Rüdersdorf, près de Berlin) que les roches en place avaient leur surface polie comme un miroir, et accidentée de stries parallèles, telles que la pression d'un glacier en marche peut seule se produire.

En définitive, après des controverses mémorables, les glaciers eurent gain de cause. Il y a quarante ou cinquante ans, leur procès était déjà gagné, et il ne restait plus que quelques attardés pour refuser leur adhésion à la nouvelle manière de voir. Dès lors, il était établi qu'à un certain moment de l'époque *quaternaire*, les glaces scandinaves avaient couvert en Europe quatre millions de kilomètres carrés, pendant que celles du nord de l'Amérique en embrassaient quatre ou cinq fois autant. Du même coup, dans le massif alpin, le domaine des neiges éternelles, aujourd'hui réduit à 4,000 kilomètres carrés, s'étendait sur 150,000, et cette puissante accumulation réussissait à lancer ses émissaires de glace, d'un côté jusqu'aux portes de Lyon, de l'autre jusque vers Munich.

Encore n'était-ce là qu'un premier aperçu d'un phénomène en réalité beaucoup plus complexe. Le jour où l'on entreprit de définir avec précision les limites que les anciens glaciers avaient dû atteindre, en recherchant partout ce qu'on peut appeler leurs cartes de visite, c'est-à-dire les traces des moraines et des blocs erratiques, témoins de leur passage, on s'aperçut qu'il y avait moraines et moraines. Certains dépôts de ce genre, remarquables par la fraîcheur de leurs caractères, si bien qu'on les eût dits formés d'hier, se montraient superposés à des dépôts analogues, qu'ils ravinaient manifestement. Et bien que l'origine glaciaire de ces derniers fût encore reconnaissable, leurs traits fondamentaux, plus ou moins oblitérés, trahissaient une longue exposition à l'air et à l'action des eaux courantes. Parfois, entre ces deux catégories de formations, venaient s'intercaler de vraies alluvions fluviales ou lacustres, avec débris de grands pachydermes et même d'hippopotames. Donc le phénomène glaciaire s'était produit à deux reprises, et, dans l'intervalle, les vallées, complètement dégagées de glaces, avaient dû traverser un régime climatérique essentiellement tempéré.

Même ce régime intermédiaire avait dû être plus doux que celui du temps présent ; car les végétaux recueillis au Tyrol, dans la brèche interglaciaire d'Hœtting, accusent une température moyenne supérieure de deux degrés centigrades à celle qui prévaut aujourd'hui dans les mêmes parages.

Bientôt la notion de deux périodes glaciaires s'est trouvée insuffisante. En même temps se révélait dans les détails une complication qui eût découragé les observateurs, si quelques-uns d'entre eux, notamment MM. les professeurs Penck et Brückner, n'avaient su trouver, au milieu de ce désordre, un précieux criterium pour la distinction des dépôts successifs.

Une moraine est, par sa nature, destinée à s'oblitérer avec le temps. Sa topographie, très confuse au début, s'adoucit et se régularise peu à peu par l'action des pluies. La boue grise qu'elle renferme s'oxyde ; ses pierres perdent au contact de l'air les rayures que le frottement des roches dures leur avait infligées quand la pression du glacier les appuyait contre ses parois. Le ruissellement pluvial, en remaniant les éléments du dépôt, atténue progressivement leur désordre primitif. Si donc le passage d'un ancien glacier ne pouvait être diagnostiqué qu'à l'aide de moraines franches, le problème demeurerait la plupart du temps insoluble, faute de témoins irrécusables.

Mais, à côté des moraines proprement dites, et en partie à leurs dépens, un grand glacier, quand son extrémité stationne longtemps au même point, édifie, par l'action des eaux torrentielles qui s'en échappent, des *cailloutis fluvio-glaciaires*. Ceux-ci s'étalent en éventail autour du front, envahissant la vallée de l'émissaire : et leur structure passe par degrés du désordre qui caractérise les moraines franches à l'ordonnance réalisée dans les alluvions des torrents.

Ce sont ces cailloutis fluvio-glaciaires que MM. Penck et Brückner se sont assujettis à retrouver et à suivre sur tout le pourtour du massif alpin, en recherchant, pour chacun d'eux, leurs attaches avec quelque moraine incontestable d'où l'on doive les faire dériver. Cette étude, à peine terminée aujourd'hui (1), les a conduits à reconnaître, d'abord *trois*, puis *quatre* périodes d'extension des glaces, au lieu des deux jusqu'alors admises. Encore chacune d'elles a-t-elle certainement comporté des oscillations de moindre amplitude, qu'il leur a paru possible de reconstituer, au moins pour la plus récente des quatre.

Les deux premières invasions glaciaires se sont produites à une époque où la topographie du massif des Alpes différait beaucoup de ce qu'elle est aujourd'hui. Les cailloutis qui leur correspondent, aujourd'hui altérés au point d'être parfois méconnaissables, ont dû former, dans l'origine, des nappes assez largement étalées. On n'en observe plus que des lambeaux, qui couronnent deux séries de plateaux. La nappe des *hauts plateaux* est la plus ancienne. Ensuite vient la nappe des *bas plateaux*.

(1) Voy. le récent ouvrage de MM. PENCK et BRUCKNER, *Die Alpen im Eiszeitalter*, Leipzig, Tauchnitz.

Lorsque les deux dernières invasions se sont produites, elles ont trouvé les vallées principales déjà découpées à travers les plateaux en question. Elles se sont donc contentées de garnir ces dépressions de cailloutis, qu'on retrouve, appliqués contre les flancs des vallées, sous la forme de *terrasses*, bien marquées dans la topographie, chaque série de terrasses se reliant, vers l'amont, à des moraines encore assez bien conservées. On distingue aisément les *hautes terrasses*, dont la plate-forme domine généralement d'une centaine de mètres le niveau des rivières actuelles, et les *basses terrasses*, à 30 ou 35 mètres seulement au-dessus de ce même niveau. Deux phases consécutives de progression ont toujours été séparées par une phase *interglaciaire*, pendant laquelle les rivières se remettaient à rouler des alluvions, dans leurs lits entièrement débarrassés de glace.

Cette suite d'événements ne peut manquer d'avoir embrassé une assez longue durée. Peut-on essayer de s'en faire une idée ? On l'a pensé au début, alors que, ne connaissant encore qu'une seule grande extension glaciaire, on croyait légitime d'en chercher la cause dans quelque phénomène astronomique, capable d'entraîner un refroidissement momentané de notre hémisphère. Les variations de l'excentricité terrestre, combinées avec la précession des équinoxes, ont paru aptes à produire cet effet, parce qu'elles peuvent avoir pour résultat de changer beaucoup, en hiver, la distance de la terre au soleil.

Actuellement, la terre décrit autour du soleil une courbe qui diffère sensiblement d'un cercle parfait. Il en résulte qu'à tout moment la distance de notre globe à l'astre central est variable. Elle oscille régulièrement entre un minimum, correspondant à ce qu'on appelle le *périhélie*, et un maximum, correspondant à l'*aphélie*. De nos jours, la distance du soleil à la terre, au moment du périhélie, est de cinq millions de kilomètres plus courte que celle de l'aphélie. Comme, d'autre part, en vertu des lois de Képler, le mouvement de la terre est d'autant plus rapide que sa distance au soleil est plus faible, il se trouve que maintenant le groupe de l'automne et de l'hiver, c'est-à-dire la saison froide, est, pour l'hémisphère boréal, plus court de huit jours que la saison chaude, ou ensemble du printemps et de l'été.

Il en résulte qu'*en vertu des circonstances astronomiques actuelles*, d'une part la saison chaude procure à notre hémisphère un excédent de chaleur; d'autre part, c'est au moment où les rayons du soleil sont le plus obliques et par conséquent le moins efficaces, que la source de chaleur est le plus près de nous. Ainsi notre hémisphère bénéficie en hiver d'une heureuse, quoique insuffisante, compensation.

Mais il n'en a pas toujours été et il n'en sera pas toujours ainsi. D'abord la forme de l'orbite terrestre est sujette à une variation séculaire, dont la loi est connue. Ce qu'on appelle son *excentricité*, c'est-à-dire la mesure dans laquelle cette orbite diffère d'un cercle, croît et décroît tour à tour. Il y a des moments où l'orbite est presque un cercle parfait, d'autres où la différence entre la distance du soleil au périhélie et celle qui correspond à l'aphélie monte à *vingt millions* de kilomètres, au lieu de *cinq* qu'elle est aujourd'hui.

Ce n'est pas tout. Le phénomène appelé *précession des équinoxes*, provoqué par un lent mais continuel changement dans la direction de l'axe terrestre, a pour effet de modifier périodiquement la situation réciproque des deux hémisphères. De la sorte, tandis qu'aujourd'hui, pour nos contrées boréales, le périhélie se produit en hiver, un temps arrivera où c'est en été que le soleil se trouvera le plus voisin de la terre ; et, à ce moment, c'est l'hémisphère austral qui aura l'aphélie coïncidant avec son été.

D'après cela, imaginons que, pour notre hémisphère, la coïncidence de l'aphélie avec l'hiver vienne à se produire dans une période de grande excentricité, où il y aurait, à ce moment, entre la terre et le soleil, vingt millions de kilomètres de plus qu'en été. Les rayons de l'astre central seront moins échauffants, puisqu'ils viennent de beaucoup plus loin. D'autre part la saison froide sera devenue la plus longue, et cela dans une forte proportion. On peut donc croire que la quantité de neige, accumulée en hiver sur les terres boréales, sera trop forte pour qu'un été raccourci parvienne à la fondre en entier ; auquel cas l'hémisphère nord traverserait une période de froid qui pourrait engendrer des conditions glaciaires.

Or les formules de l'astronomie, infaillibles comme tout ce qui a pour base la loi de la gravitation universelle, nous enseignent que la combinaison défavorable dont nous venons d'indiquer les caractères se trouvait réalisée environ *deux cent mille ans* avant l'époque actuelle. Ce serait donc à cette date, a-t-on pensé en divers lieux, que devrait être rapporté le grand développement des glaces canadiennes, scandinaves et alpines.

Encore, à l'époque où l'on raisonnait ainsi, ne connaissait-on qu'une seule grande extension des glaces. Mais comment faire, aujourd'hui qu'il en faut distinguer quatre, avec la certitude que, dans les intervalles, la température, au moins aussi clémente que de nos jours, attestait le retour de conditions cosmiques semblables à celles du temps présent ? Si l'on veut rester fidèle à l'hypothèse astronomique, c'est dans un passé fabuleusement lointain qu'il faudrait reléguer les premières extensions, de même qu'il y aurait lieu d'assigner, à chacune des phases interglaciaires, une durée égale aux deux cent mille ans qui nous sépareraient de la dernière invasion des glaces.

Heureusement, il se trouve que le point de départ de l'hypothèse, c'est-à-dire le rapport admis entre le phénomène glaciaire et le refroidissement général d'un hémisphère, doit être regardé comme très contestable, et cela, à la fois, en raison de faits d'observation topiques et de considérations physiques d'un très grand poids. Commençons par les premiers, parce que ceux-là sont sans réplique.

L'invasion des glaces, dans les contrées septentrionales, et notamment dans la région des lacs laurentiens du Canada, a eu des conséquences géographiques de grande portée. Ce n'est pas impunément que les vallées se sont laissé envahir par des masses de terrain glaciaire, épaisses en certains points de quelques centaines de mètres. Une fois la glace disparue. l'ancienne topographie s'est trouvée profondément modifiée, et de nouveaux accidents se sont produits, qui sont exclusivement l'œuvre du temps écoulé depuis le départ des glaces. Tel est le cas de la célèbre gorge du Niagara.

Lors de la dernière extension des glaces canadiennes, qui avait presque atteint, vers le sud, le cours actuel du Missouri et celui de l'Ohio, la région des Grands Lacs et la vallée du Saint-Laurent étaient complètement ensevelies sous une calotte glaciaire. Cette calotte, venant du nord, avait, dans sa marche en avant, labouré toute la contrée, semant partout d'épaisses moraines. L'une de celles-ci ayant complètement barré le chenal par lequel s'accomplissait auparavant la communication du lac Erié avec le lac Ontario, il fallut, après la disparition de la calotte glaciaire, que le trop-plein des lacs Supérieur, Michigan, Huron et Erié trouvât un autre écoulement.

En raison de la nouvelle topographie, résultant de l'accumulation inégale des moraines, le déversement du lac Erié fut amené à se faire là où se trouve aujourd'hui la rivière du Niagara. Mais, au bout de ce nouveau chenal, le plateau qui lui servait de support cessait brusquement à la tête du lac Ontario. La rivière dut alors se précipiter en cascade pour rejoindre le lac. Le seuil résistant de cette cascade consistait en une assise de calcaire compact, sensiblement horizontale, et reposant sur des schistes plus tendres. L'énorme masse d'eau du Niagara, évaluée à dix mille mètres cubes par seconde, et tombant d'un seul jet d'une soixantaine de mètres, ne pouvait manquer d'affouiller le support de la nappe calcaire, et de déterminer peu à peu l'éboulement de celle-ci.

De cette façon s'est creusée, depuis le départ des glaces, une gorge aux parois verticales, qui mesure aujourd'hui près de onze kilomètres, et où chaque jour détermine un nouveau progrès, au point que quinze années suffisent pour changer sensiblement la physionomie de ces célèbres chutes. De 1842 à 1887, la partie centrale, dite Fer à Cheval, a reculé, suivant les points, de 54 à 80 mètres. A ce taux, 6,000 ans auraient dû suffire pour le creusement de toute la gorge : d'autant plus que le travail devait être plus actif au début, la nappe calcaire, qui plonge vers l'amont, étant plus mince et partant plus facile à détruire qu'aujourd'hui.

Des chiffres tout à fait semblables à celui que nous venons d'indiquer ont été fournis tant par l'étude des chutes du Mississipi que par celles de diverses cascades de la Scandinavie. Nous voilà donc bien loin des deux cent mille ans que réclamerait la théorie astronomique !

D'autre part, si naturel que cela paraisse au premier abord, ce serait une grande erreur d'attribuer le développement extraordinaire des glaces à un simple phénomène de refroidissement. La première et indispensable condition de la formation des glaciers est l'existence d'une forte provision de neige. Cela est si vrai que la Sibérie, le pays le plus froid du monde, est complètement dépourvue de glaciers, parce que l'air y est trop sec pour permettre d'abondantes chutes de neige. Au contraire, sous l'équateur même, où l'atmosphère est très humide, il suffit qu'un grand volcan, comme le Cotopaxi, s'élève à six mille mètres d'altitude pour que, en dépit du chaud soleil qui l'inonde, le cône volcanique entier porte sur deux mille mètres un blanc manteau de neige dont la lave elle-même ne réussit jamais à fondre qu'une petite partie.

Ainsi, d'une part, des massifs de haut relief propres à recevoir et à emmagasiner les névés et, d'autre part, des chutes abondantes de neige sur ces hauteurs, telles sont les conditions primordiales de l'existence des glaciers. Mais quand il tombe de la neige dans les montagnes c'est qu'elle y a été amenée par des courants d'air humides, qui ont commencé à décharger sur les plaines, sous forme de pluie, une parti de leur vapeur d'eau. Or, pour notre Europe, l'origine première des vents humides doit toujours être cherchée dans les régions chaudes de l'Atlantique. Ce n'est certainement pas en refroidissant ces dernières qu'on arriverait à augmenter la quantité de vapeur qu'elles peuvent fournir aux courants d'air.

Ce que peuvent des vents froids, pauvres en vapeur d'eau, on le voit bien au Tibet où, malgré une altitude de plus de quatre mille mètres et d'importantes lignes de relief surgissant sur le plateau, on ne rencontre nulle part de grands glaciers. Toute l'humidité, originaire de l'océan indien, s'est condensée sur la haute barrière de l'Himalaya, dont les cimes grandioses resplendissent de neige. Mais, après les avoir franchies, l'air se trouve si complètement desséché que, s'il souffle sur le plateau tibétain une bise mortelle, en revanche on n'y trouve pas de glaciers.

En résumé, quelques mystères que puisse encore renfermer la détermination de la vraie cause des extensions glaciaires, c'est faire absolument fausse route d'en demander le principe à un phénomène astronomique, et cela suffit pour faire tomber la prétention de posséder un chronomètre propre à l'évaluation des intervalles glaciaires ou interglaciaires.

Néanmoins, comme nous l'avons déjà dit, cette série d'événements a certainement embrassé une longue durée. Rien que le temps nécessaire au transport de ces masses de débris erratiques, que les glaciers ont, à plusieurs reprises, charriés sur leur dos, pour en constituer les énormes accumulations étalées tout autour des Alpes, ce temps, disons-nous, ne peut se chiffrer par un petit nombre d'années; et certes il a fallu une longue suite de jours, pour passer de la topographie qui caractérisait l'âge des cailloutis des plateaux, à celle qui a permis le dépôt des terrasses. Il y a donc grand intérêt à établir, si on le peut, une correspondance exacte entre les extensions glaciaires et les diverses phases de l'âge de pierre. Car, si l'homme avait été témoin de la série entière de ces phénomènes, il faudrait se résigner à accorder aux débuts de notre espèce, non seulement les deux ou trois cent mille ans réclamés par Mortillet, mais peut-être les *douze cent mille ans d'humanité* que d'autres, plus exigeants, déclarent nécessaires. Le problème est donc palpitant d'intérêt.

Pour le résoudre, il faut trouver des stations humaines, bien datées par les types d'outils et les débris d'animaux qu'elles contiennent, et qui soient en relation nette avec un cailloutis fluvio-glaciaire dont l'âge ne fasse pas de doute. Par exemple, si une station humaine est clairement superposée à une haute terrasse, c'est qu'elle est plus récente que celle-ci. Si d'autre part une station du même âge est ravinée par un cailloutis des basses terrasses, c'est que ce cailloutis s'est formé postérieurement à l'époque où la station était habitée.

En principe, ce diagnostic paraît très simple. Malheureusement son application se heurte une très grosse difficulté : c'est la rareté des stations paléolithiques sur le pourtour du massif alpin. Les gisements néolithiques y sont nombreux ; mais les autres, surtout ceux des premières phases, font presque entièrement défaut. Il n'existe guère qu'une station qui puisse être utilisée à ce point de vue, c'est celle de Villefranche-sur-Saône, entre Lyon et Solutré. Mais il se trouve que cette station porte des traces évidentes de remaniement. Les restes d'animaux fossiles y représentent deux époques distinctes, et forment deux groupes, dont l'un dérive certainement d'un dépôt antérieur, détruit et repris par le phénomène qui a engendré la terrasse. Mais lequel de ces groupes doit être considéré comme en place ?

Il y a là un parti à prendre. D'après la solution adoptée par M. Penck, l'industrie chelléenne et avec elle la faune chaude, celle de l'éléphant antique, dateraient de la phase interglaciaire, qui a séparé la *seconde* extension des glaces de la *troisième*. Cette phase se serait terminée par un épisode de refroidissement, annoncé par le début de la faune froide ; après quoi l'homme aurait subi, dans sa totalité, la troisième invasion, contemporaine de l'industrie moustérienne. Ensuite, la dernière phase interglaciaire aurait vu le passage d'un dernier épisode du moustérien réchauffé au solutréen plus froid. Enfin l'humanité aurait subi de nouveau une invasion glaciaire, la *quatrième* et dernière, coïncidant avec les débuts du magdalénien.

Dans cette manière de voir, l'antiquité de notre espèce, sûrement postérieure à la deuxième invasion, devrait se mesurer par : 1° la durée d'une bonne partie au moins de l'avant-dernière phase interglaciaire ; 2° celle de la troisième invasion des glaces, la plus considérable et à coup sûr la plus longue des quatre ; 3° la durée de la dernière époque interglaciaire ; 4° celle de la quatrième invasion ; 5° enfin le temps écoulé depuis le départ définitif des glaces. Tout cela est assurément considérable, et Mortillet lui-même n'en eût peut-être pas demandé autant.

Telle était, cependant, il y a peu de temps, l'opinion assez généralement adoptée, lorsque M. Obermaier est venu apporter dans la balance le poids d'une étude de précision, propre à faire époque (1). Disciple de M. Penck, dont il avait jusqu'alors accepté la classification, M. Obermaier était venu en France pour voir s'il retrouverait, dans la région sous-pyrénéenne, les traces des quatre invasions reconnues dans les Alpes. Déjà en 1883, dans un voyage aux Pyrénées, M. Penck avait clairement distingué trois périodes. Il s'agissait de voir si la quatrième pourrait y être mise en évidence et, en même temps, de soumettre les trouvailles archéologiques du Midi de la France à une étude d'ensemble.

M. Obermaier a réussi dans sa tâche laborieuse. Le bassin de la Garonne lui a fourni les

(1) Voy. *Archiv. für Anthropologie*, 1905 et 1906.

traces de quatre sortes de terrasses : la plus ancienne à 160 mètres au-dessus de la Garonne actuelle ; une seconde, souvent atrophiée ou dispersée, à une centaine de mètres ; une troisième, celle de 60 mètres, enfin la quatrième et dernière terrasse, dominant de 15 à 20 mètres le niveau du fleuve.

Mais si la région pyrénéenne venait ainsi confirmer brillamment la synthèse de MM. Penck et Brückner, la corrélation admise par ces savants, entre les cailloutis fluvio-glaciaires et les dépôts paléolithiques, allait se trouver profondément modifiée. Autant les stations humaines des âges anciens de la pierre sont rares autour des Alpes, autant elles sont fréquentes sur la plaine qui s'étend devant les Pyrénées. Fouillées avec grand soin par des savants éminents, dont les collections sont conservées dans les musées publics, ces trouvailles ont reçu de M. Obermaier la même attention consciencieuse qu'il avait déjà consacrée à son enquête sur les gisements d'Allemagne. C'est ainsi qu'il a été conduit à cette conclusion capitale, que la quatrième et dernière extension des glaces a coïncidé avec le développement de l'industrie moustérienne, de sorte que le solutréen, et à plus forte raison le magdalénien, sont *postglaciaires*, comme d'ailleurs l'avait déjà indiqué M. Boule. L'industrie acheuléenne, étroitement liée à celle du Moustier, aurait caractérisé l'épisode final de la dernière période interglaciaire. Celle-ci avait débuté par la phase chaude du chelléen, et le refroidissement qui provoqua la substitution graduelle du mammouth à l'éléphant antique devrait être envisagé comme le simple prélude de l'invasion dernière qui se préparait.

Dans cette conception, fondée sur des faits précis, dont tous les détails ont été exposés dans la récente publication de M. Obermaier, l'homme n'aurait traversé que l'ensemble de la dernière phase interglaciaire, de la quatrième invasion glaciaire (sensiblement moins importante que la précédente) et du temps écoulé depuis le départ des glaces. C'est, comme on le voit, une diminution considérable de la durée antérieurement admise.

Nous avons dit plus haut qu'il était parfaitement admissible que la fin de la dernière invasion glaciaire se fût produite il y a sept ou huit mille ans seulement. Mais existe-t-il un moyen d'évaluer la durée de cette invasion? L'entreprise serait bien téméraire, s'il s'agissait d'exprimer exactement cette durée en années. Du moins n'est-il pas interdit de vouloir se former quelque idée relativement à *l'ordre de grandeur* de cet intervalle, et c'est ce que nous allons maintenant essayer.

§ 3. — Essai d'évaluation de la durée des temps paléolithiques

S'il est un fait qui, mieux que tous les autres, soit propre à caractériser l'œuvre des invasions glaciaires alpines, c'est la constitution de cet énorme glacier du Rhône qui, originaire des profondeurs du Valais, a réussi à s'avancer jusqu'aux portes de Lyon, et dont MM. Falsan et Chantre ont si bien su reconstituer tous les détails. Lors de la troisième progression, de beaucoup la plus considérable, les glaces réunies du Valais, de l'Oberland, du Mont-Blanc et du Chablais, venaient buter contre le Jura en un gigantesque amas de 1,000 mètres d'épaisseur, et se trouvaient contraintes à chercher une issue, en partie au Nord, vers la Forêt Noire, mais surtout au sud, par-dessus les contreforts méridionaux du Jura. Même, en quelques points, la glace avait réussi à franchir le Jura central par ses principaux cols, et à semer des moraines jusqu'à Lons-le-Saunier. Mais c'est surtout dans la région des Dombes et du Lyonnais que le fleuve de glace s'était étalé de préférence. Son front se déployait alors en une courbe immense, dont le parcours est marqué par Bourg, Villefranche, Fourvières et Vienne, pour se terminer près de Bourgoin. Sur toute cette étendue, la glace en fondant répandait une masse de matériaux morainiques, la plupart d'origine alpine, et dont beaucoup peuvent être reconnus à coup sûr comme originaires, les uns du Mont-Blanc, les autres du Valais.

Lors de la dernière invasion, le glacier du Rhône a bien encore heurté, et sur certains points, un peu dépassé le Jura ; mais son front est resté beaucoup en arrière de sa position précédente. Il passait, selon M. Penck, à Ambérieu, puis à Anthon, à 25 kilomètres de Lyon, ensuite à Saint-Quentin et à Virieu. Son développement n'était plus alors que de 85 kilomètres, et tandis qu'auparavant le rayon de sa courbe atteignait 65 kilomètres, lors de la seconde période il n'en comptait plus que 35 (1). Quant à la longueur totale du fleuve de glace, à partir du haut Valais, elle était de 450 kilomètres lors de la troisième invasion, de 425 lors de la quatrième. Or, durant l'époque interglaciaire qui avait précédé, le glacier devait être réduit à des dimensions tout à fait pareilles à celles d'aujourd'hui, peut-être même un peu plus faibles, puisque alors les éléphants et les rhinocéros pouvaient fréquenter jusqu'au cœur des vallées suisses. Par conséquent, en gros, la dernière invasion représente, pour l'extrémité du dernier glacier valaisan, un progrès d'environ 420 kilomètres.

Il est naturel de penser que cette marche en avant a dû se faire avec une vitesse comparable à celle qui règle aujourd'hui le mouvement des grands glaciers alpins. On sait, par exemple, que la Mer de Glace chemine, en toute saison, avec une vitesse moyenne d'à peu près 50 centimètres par vingt-quatre heures. Il lui faut donc, pour parcourir 1 kilomètre, quelque chose comme cinq ans et demi. A ce taux, les 450 kilomètres eussent été parcourus en deux mille quatre cent soixante-quinze ans.

---

(1) Une carte faisant connaître le parcours des deux lignes de moraines est jointe au récent ouvrage de MM. Penck et Brückner, *Die Alpen im Eiszeitalter*, p. 702).

Si, au lieu de 50 centimètres on n'admettait, avec quelques auteurs, que 30 centimètres pour la vitesse moyenne, on arriverait à quatre mille ans.

Seulement il est certain que ces chiffres sont beaucoup trop élevés. En effet, les observations qui nous ont servi de base s'appliquent à un glacier isolé, ne recevant plus d'affluents à partir du point où on l'observe. Or, à l'époque de sa grande extension, le glacier du Rhône a dû se grossir au passage de toutes les langues de glaces qui, de nos jours, n'atteignent plus la vallée principale et y débitent leurs produits sous la forme de torrents. Il ne s'agit donc plus de faire partir un glacier du Grimsel ou de la Furca, et de voir combien de temps il pourra mettre pour parvenir à la plaine lyonnaise. Il faut considérer qu'à dater du moment où les glaciers du Valais et du sud de l'Oberland ont pu atteindre, chacun pour leur compte, la vallée du Rhône, et cela au prix d'une progression de 12 kilomètres au maximum, du coup ils n'ont plus formé qu'*un glacier unique*, allant des sources du fleuve jusqu'au Léman. Il est aisé de se rendre compte de l'énorme accroissement de force que la glace allait recevoir par le fait de cette réunion.

Un glacier est toujours limité, dans son extension, par la fusion que lui infligent le contact de l'air et la réverbération des rochers encaissants. Deux glaciers voisins, de même amplitude, subissent cette influence dans des proportions identiques. Mais si tous deux, en progressant, viennent à se réunir, il leur arrive la même chose qu'à deux grandes rivières qui se rencontrent. Chacune avait son lit propre où elle s'étalait à son aise. Il leur faut cheminer dans un lit commun, dont la largeur n'est jamais double de celle de chacun des deux lits affluents. Aussi l'émissaire devient-il plus profond et sa course plus rapide.

Avec un glacier, cette augmentation de profondeur entraîne forcément une réduction de la surface libre, par rapport au volume ; et comme c'est surtout par cette surface que s'opère la fusion, par cela seul que la masse de glace est devenue plus épaisse, elle est mieux protégée contre les influences extérieures. Elle va donc s'avancer plus loin et plus vite qu'elle ne faisait auparavant.

Enfin, à mesure que la surface et l'épaisseur des glaces augmentent dans un massif, la température de l'air subit, de ce chef, un refroidissement marqué. A une altitude donnée, la fonte de la glace devient moins active qu'elle n'était auparavant. C'est, pour le glacier, une nouvelle cause d'accélération de sa marche.

Pour ces diverses raisons, il est parfaitement légitime d'admettre que, pour arriver jusqu'à 25 kilomètres de Lyon, le glacier du Rhône ait pu n'employer que *quelques centaines* d'années. Même M. Joseph Vallot va plus loin (1). Remarquant que la vitesse d'un glacier croît avec son

---

(1) *Annales de l'observatoire du Mont-Blanc*, t. IV (1900), p. 122.

épaisseur, suivant une certaine règle qu'il a déduite de ses observations sur le massif du Mont-Blanc, il ne craint pas de dire qu'à l'époque où, sur l'emplacement de Genève, l'ancien glacier du Rhône mesurait 1,000 mètres d'épaisseur, il devait cheminer de telle sorte, qu'un bloc erratique n'eût pas besoin de deux cent cinquante ans pour aller de l'extrémité du Valais aux portes de Lyon. La durée nécessaire à la constitution de ce grand glacier ne serait ainsi qu'une fraction tout à fait négligeable du temps embrassé par la dernière invasion des glaces.

Il est vrai qu'alors surgit une autre difficulté. Combien de temps l'extrémité du glacier a-t-elle stationné à la même place avant sa retraite définitive? Au premier abord la question peut paraître insoluble. Pourtant il existe, au moins en théorie, un moyen de l'éclaircir. Un glacier qui stationne ne cesse de verser, dans sa moraine terminale, les pierres et la boue qu'il a charriées. Si donc on parvenait à évaluer la quantité de matériaux solides qui se sont accumulés autour du glacier du Rhône, il pourrait suffire ensuite de la comparer à ce que déposent aujourd'hui devant eux, dans un temps donné, les grands glaciers des Alpes.

Nous avons dit que, d'après la carte de M. Penck, l'ancienne moraine frontale du glacier s'étalait en arc de cercle sur 85 kilomètres au plus. Quelle peut être, sur cette longueur, l'épaisseur moyenne des dépôts? La déduire d'un nombre suffisant d'observations faites sur ce qu'il en subsiste aujourd'hui, est chose présentement impossible ; car c'est à peine si l'on commence à savoir distinguer le terrain glaciaire récent des dépôts plus anciens et de même origine sur lesquels il est appliqué. Mais on peut, sans se hasarder outre mesure, suppléer à cette insuffisance de documents.

Un lobe de glace, venant expirer en éventail sur un front de pareille étendue, ne pouvait évidemment présenter une très grande épaisseur. Sa puissance ne devait plus être qu'une petite fraction de ce maximum de 1,000 mètres qu'elle atteignait au-dessus de Genève. L'estimer à 200 mètres est certainement se tenir fort au-dessus de la réalité. Telle est donc la plus grande hauteur que pussent atteindre les dépôts de la moraine terminale. Quant à l'espace sur lequel ils pouvaient s'étaler, c'est-à-dire la largeur de l'auréole morainique, c'est aussi lui faire la part belle que de lui assigner 10 kilomètres en moyenne ; car cela ne donnerait au cône de déjection qu'une pente d'ensemble de 2 pour 100. Dans ces conditions, on peut calculer que le volume total du cordon serait de 85 kilomètres cubes (c'est-à-dire 85 milliards de mètres cubes). On le réduirait à 51 kilomètres si on acceptait l'hypothèse, au moins aussi plausible, d'une largeur moyenne de 6,000 mètres, et à 25 dans le cas d'une épaisseur de 100 mètres, plus probable que celle de 200. Seulement, répétons bien qu'il s'agit ici, non d'établir une évaluation pouvant prétendre à quelque exactitude, mais de se faire une idée raisonnable relativement à l'ordre de grandeur du résultat cherché.

Maintenant, l'autre élément du problème est la connaissance de ce que transporte, de nos jours, un glacier. A la vérité, les documents précis font actuellement défaut. L'étude détaillée du phénomène n'a fait l'objet d'aucune publication, comme si elle n'avait encore tenté personne ; et cela se comprend, si l'on réfléchit que la réunion des données indispensables soulève, à elle seule, les plus grandes difficultés pratiques. En effet, pour y arriver, il faudrait déterminer, par des travaux de sondage, l'épaisseur de chaque glacier, la largeur de la bande de roches et de boue qui peut s'interposer entre lui et ses parois, le volume approximatif des blocs et des pierres, originaires des moraines médianes, qu'il est susceptible de renfermer dans son sein; enfin, la vitesse moyenne de cheminement de ces matériaux. On pourrait, il est vrai, y suppléer par un relevé topographique constamment tenu à jour de la moraine frontale, de manière à enregistrer ses variations annuelles, et encore à condition de savoir tenir compte de ce que lui enlèvent constamment les torrents qui en sortent. De toutes manières, il s'agit d'opérations aussi difficiles à exécuter que dispendieuses. Peut-être osera-t-on les affronter quelque jour. En attendant, on ne peut former, à cet égard, que des conjectures plus ou moins plausibles, appuyées sur des observations rares et localisées.

Dans ces conditions, peut-être paraîtra-t-il surprenant que le *Correspondant* ait été choisi pour tenter, dans cette direction, un premier essai, qui eût été mieux à sa place dans quelque recueil purement scientifique. Mais la question en vaut vraiment la peine ; et, sous la réserve qu'il ne peut s'agir ici que d'une estimation assez grossière, on nous pardonnera d'y vouloir consacrer quelques lignes. Encore ne nous y serions-nous pas risqué, s'il ne nous était arrivé en dernière heure, sur ce sujet, de très obligeantes communications, émanant de deux savants bien connus par leur compétence dans cette matière.

Le premier est M. Albert Heim, l'éminent géologue de Zurich, auteur d'un manuel qui fait autorité, la *Gletscherkunde*. D'après son estimation, le glacier inférieur de l'Aar transporterait chaque année 5,500 mètres cubes de matériaux solides, dont un dixième pour la moraine du fond et le reste pour les moraines supérieures. Or, la superficie de ce fleuve de glace est d'à peu près 8 kilomètres carrés. En y ajoutant le bassin des névés qui l'alimentent, on peut arriver tout au plus à 20 kilomètres carrés. D'autre part, lors de la dernière invasion, la superficie des neiges et des glaces qui trouvaient leur écoulement dans le grand glacier du Rhône ne devait guère être au-dessous d'une vingtaine de mille kilomètres carrés. Si donc on jugeait raisonnable d'admettre que le travail accompli par les glaces ait été, en gros, proportionnel à la surface qu'elles occupaient, le chiffre relatif au glacier actuel de l'Aar demanderait à être multiplié par 1000, ce qui donnerait 5 millions et demi de mètres cubes par an, soit 5 kilomètres cubes et demi en mille ans, et 55 en dix mille ans. Nous voilà bien près du maximum présumé pour le volume des dépôts erratiques lyonnais !

L'autre renseignement nous vient de M. Joseph Vallot, qui s'est acquis une juste célébrité par la création du premier observatoire du Mont-Blanc, ainsi que par les études qu'il n'a cessé de poursuivre dans le massif. M. Vallot évalue à 13,000 mètres cubes par an la masse des matériaux que verse la Mer de Glace, ou plutôt le glacier des Bois, dans sa moraine terminale. Or, la surface d'alimentation du glacier est d'environ 45 kilomètres carrés. Dans ces conditions, le travail de transport serait sensiblement le même que celui du glacier de l'Aar.

En revanche, il existe, dans le bassin du Rhône, un autre glacier, celui de Zmutt, issu des flancs du Cervin, et où la masse des matériaux charriés est assez grande pour recouvrir la glace, sur toute sa largeur, c'est-à-dire sur plus d'un kilomètre, d'un manteau grisâtre qui suffit à la rendre invisible. Ici, l'activité du transport est au moins cinq ou six fois égale à celle de la Mer de Glace. En pareil cas, et avec le même coefficient de multiplication, l'accumulation de 85 kilomètres cubes n'exigerait que trois mille ans.

On pourrait objecter que notre coefficient a

été choisi trop élevé, et qu'il n'est pas légitime d'agir ainsi, la surface des crêtes susceptibles de se dégrader diminuant, au lieu d'augmenter, à mesure que croît la superficie des neiges ; à quoi il serait peut-être licite de répondre qu'en revanche un accroissement des glaciers soumet à leur puissance de transport une grande masse de matériaux qui, dans les conditions actuelles, y sont soustraits.

Par exemple, quiconque a visité les grands glaciers de la Suisse et de la Savoie n'a pu manquer de porter son attention sur les nombreux paquets de neige et de glace qui descendent des crêtes de la gorge où chaque glacier est encaissé. Hors de la saison d'hiver, ces paquets n'atteignent le glacier principal que sous la forme de torrents provenant de leur fusion. On les appelle *glaciers suspendus*.

Chacun d'eux n'en charrie pas moins, à droite et à gauche, une masse plus ou moins considérable de pierres ; mais ces moraines demeurent accrochées aux flancs de la gorge, et seules les avalanches réussissent à en amener une partie sur le glacier principal. Mais que ce dernier vienne à grossir au point d'arriver jusqu'à elles, immédiatement les voilà incorporées aux moraines latérales et forcées de cheminer avec elles.

Cependant admettons l'objection, et consentons à diminuer, même dans une forte proportion, le multiplicateur que nous avions adopté. Par compensation, nous allons voir qu'il y a des raisons très sérieuses de croire que le transport des matériaux solides s'accomplissait, lors de la dernière invasion, beaucoup plus vite qu'aujourd'hui. M. Joseph Vallot a montré que, lors de son entier développement, le glacier du Rhône devait cheminer à sa surface, trois fois plus vite que de nos jours. Il lui fallait donc trois fois moins de temps pour amener, dans sa moraine frontale, un cube donné de matériaux. Même ce chiffre devrait être considéré comme un minimum, si l'on songe qu'au Groenland il existe des glaciers de 8 à 10 kilomètres de large, sur lesquels on a mesuré une vitesse de 8 à 10 mètres par jour, c'est-à-dire près de *vingt fois* plus grande que celle de la Mer de Glace au Montanvert.

En résumé, tout en reconnaissant ce qu'il peut subsister d'incertain dans les éléments sur lesquels nous avons dû nous baser, de sorte que les chiffres indiqués ne doivent être énoncés qu'avec une extrême réserve, une conclusion nous paraît se dégager de cet exposé : c'est qu'un nombre peu considérable de milliers d'années a très bien pu suffire pour permettre au glacier du Rhône d'étaler devant lui une accumulation comparable au volume des matériaux morainiques du Lyonnais, volume que nous croyons d'ailleurs avoir été systématiquement exagéré.

Cette conclusion paraîtra encore plus justifiée si nous faisons voir qu'il est excessif d'attribuer, à la seule action du transport normal par la glace, la masse entière de l'éventail erratique qui marque la place où stationnait l'extrémité du grand glacier du Rhône. En effet, nous allons voir qu'une bonne partie de cette masse doit relever d'une action spéciale, qui entre en jeu durant les périodes de rapide progression des glaces ; action dont l'observation contemporaine ne nous offre presque pas d'exemples dans les Alpes, puisque nous nous trouvons, plutôt, au moins depuis un demi-siècle, dans une phase de régression bien caractérisée.

Un glacier parvenu à l'état de régime, comme ceux que nous observons de nos jours, ne reçoit, en fait de matériaux, solides, que ce qui tombe des parois de sa gorge, entraîné par la pesanteur, les avalanches ou les torrents. Mais quand une coulée de glace subit une progession notable, la vallée fluviale qu'elle envahit éprouve, de ce seul fait, un façonnement spécial.

Auparavant, les deux versants et le fond de la vallée étaient soumis à toutes les influences qu'on appelle météoriques. La pluie dégradait progressivement les pentes, en même temps que les alternatives de la température et de l'humidité provoquaient l'émiettement des roches, même les plus dures. Ces débris, entraînés par la pesanteur ou par les eaux de ruissellement, s'accumulaient contre le pied des versants en talus sans cesse grossissants. D'autre part, les crues de la rivière étalaient, à droite et gauche de son lit, des alluvions de gravier et de limon, finissant par couvrir de larges surfaces presques planes.

C'est un fait bien connu qu'en vertu de ce

travail universel, toutes les vallées fluviales de quelque importance voient la raideur de leur profil s'adoucir peu à peu. Leur section transversale finit par acquérir la forme d'un V largement ouvert, dont les deux branches représentent la pente naturelle du placage de matériaux meubles appliqué contre les roches du sous-sol, en même temps que la pointe inférieure est tronquée par la plaine alluviale. Plus les actions météoriques ont de temps pour s'exercer, plus le V tend à s'ouvrir, comme si les deux branches pivotaient autour de leur rencontre commune.

Mais qu'un glacier vienne à prendre possession d'une telle vallée, il commencera par la débarrasser des matériaux meubles qui l'encombrent. Sous l'action de cette irrésistible poussée, les alluvions et les talus de débris sont entraînés en avant. Bientôt il n'en subsiste plus aucune trace, et la glace finit par s'appliquer directement, aussi bien au fond que sur les parois, contre la roche vive, qu'elle burine et polit tour à tour à l'aide des pierres dures enchâssées dans sa masse. En dernier lieu, la section de la gorge prend une forme d'auge, dont le profil rappelle la lettre U, la raideur des parois pouvant dans certains cas s'approcher de la verticale.

Si l'on songe que, pour atteindre les environs de Lyon, l'ancien glacier du Rhône a dû effectuer ce balayage aux dépens de ce qui garnissait, non seulement la vallée principale (constituée à la fin de la dernière période interglaciaire comme elle l'est aujourd'hui), mais encore toute la longueur des vallées affluentes, on comprendra qu'un tel travail ait dû apporter aux moraines terminales un contingent considérable, peut-être aussi considérable que l'œuvre propre du transport morainique normal. Dès lors, en prenant pour base l'intensité de ce dernier, nous négligerions complètement l'influence de l'autre facteur. Si, au contraire, comme il le faut, nous le faisons entrer en ligne de compte, c'est d'autant qu'il conviendra de réduire l'évaluation de la durée qu'a pu embrasser le stationnement du glacier.

En résumé, de l'exposé qui précède, nous nous croyons pleinement autorisé à conclure que la dernière invasion glaciaire, celle dont nos ancêtres paléolithiques ont connu et subi les vicissitudes, peut très bien avoir été enfermée dans un nombre peu considérable de milliers d'années. Vouloir dépasser cette approximation serait illusoire ; d'autant mieux que nous avons raisonné comme si les conditions, mises en évidence par l'observation naturelle, n'avaient jamais changé durant cette période. Or une aggravation momentanée du régime des neiges aurait pu accélérer le travail de la glace. Il suffit de se souvenir que notre génération a connu (c'était en 1851) un moment où le glacier des Bossons s'avançait si rapidement qu'il menaçait de barrer l'Arve et qu'alors, d'après Charles Martins, sa progression dépassait un mètre par jour. C'était le temps où, de son côté le glacier des Bois labourait sans pitié les champs, ainsi que les habitations qui depuis longtemps avaient cru pouvoir s'établir dans son voisinage, si bien que le conseil communal s'assemblait pour discuter l'opportunité d'abandonner le village. Depuis lors, un demi-siècle a suffi pour déterminer un recul presque inquiétant, qui atteignait déjà un kilomètre au bout de trente-six ans. Il ne serait donc pas sage de vouloir étendre, à une trop longue période, les résultats d'observations qui n'embrassent encore qu'une aussi courte durée.

Dès lors ne cherchons pas, pour l'instant, une précision impossible à atteindre, et contentons-nous d'avoir montré qu'en enfermant la dernière invasion glaciaire dans un nombre de dizaines de siècles peu considérable, on a des chances d'être beaucoup plus près de la vérité que ceux qui lui attribuent libéralement plusieurs centaines de mille années.

Arrivé au terme de cette discussion, qu'on nous excusera peut-être d'avoir faite un peu longue, en considération de l'intérêt qu'elle présentait, nous croyons opportun d'insister de nouveau pour prévenir un malentendu, qui se produit souvent en pareille circonstance.

Dénoncer les exagérations dont certains hommes de science peuvent se rendre coupables n'est pas s'attaquer à la science elle-même, et la constatation de ces écarts n'autorise nullement à jeter une suspicion systématique sur un édifice dont quelques parties peuvent être défectueuses sans que cela nuise à la solidité du reste. Quand nous avons fait connaître la plaisante aventure des éolithes, il n'a pas manqué, parmi ceux qui ont pris acte de cette révélation, de gens trop empressés à en tirer la conclusion que toute l'histoire des silex taillés, quels qu'ils fussent, méritait d'être traitée comme une fable.

Rien n'est plus éloigné de notre pensée. Nous tenons donc à affirmer une fois de plus qu'en écrivant les pages qui précèdent, notre but n'était nullement de jeter un discrédit quelconque sur l'archéologie préhistorique. Au contraire, il nous plaît de reconnaître qu'elle a vraiment accompli des merveilles, en enrichissant nos annales d'une longue suite d'épisodes aussi intéressants qu'insoupçonnés. Nous avons voulu seulement mettre les bons esprits en garde contre les excès d'une école qui, sous l'influence de sa passion antireligieuse bien connue, a montré beaucoup trop d'empressement à admettre des choses dont la preuve définitive n'était nullement acquise. Cette école était d'autant moins fondée à agir ainsi que ses représentants ont sans cesse à la bouche les mots de « méthode scientifique » et de « faits positifs ». C'est précisément au nom de ce principe qu'ils se croient le droit de réclamer à grands cris l'introduction, dans l'enseignement vulgaire, des thèses à la propagation desquelles ils se sont voués avec acharnement. Beau triomphe, en vérité, si l'on avait appris aux enfants de France à respecter, comme leurs premiers et indiscutables ancêtres, les hommes de Cannstatt et du Neanderthal, aujourd'hui si piteusement descendus de leur piédestal !

Ce que nous avons tenu à faire ressortir, c'est que, mieux éclairée et dégagée de tout parti pris, la science *positive*, celle qui conclut sans hâte, en réclamant des preuves péremptoires, tend à démentir, plutôt qu'à confirmer, les évaluations énormes que beaucoup se plaisaient à présenter comme définitives. Qu'il s'agisse des éolithes, des hommes fossiles, ou de la date des stations paléolithiques, nous voyons que les observations les plus consciencieuses concordent pour rajeunir, et non pour vieillir, relativement aux appréciations du début, les premières manifestations authentiques de l'activité humaine. La leçon qui s'en dégage est donc un rappel décisif à cette prudence, trop facilement oubliée, mais dont les vrais hommes de science ne devraient jamais se départir.

TABLE DES MATIÈRES

BAR-SUR-SEINE. — IMPRIMERIE Vᵉ C. SAILLARD

www.ingramcontent.com/pod-product-compliance
Ingram Content Group UK Ltd.
Pitfield, Milton Keynes, MK11 3LW, UK
UKHW020432200726
13857UKWH00002B/387

9 782012 8034